大展好書　好書大展
品嘗好書　冠群可期

大展好書 好書大展
品嘗好書 冠群可期

壽世養生①

催眠術與催眠療法

余萍客 著

品冠文化出版社

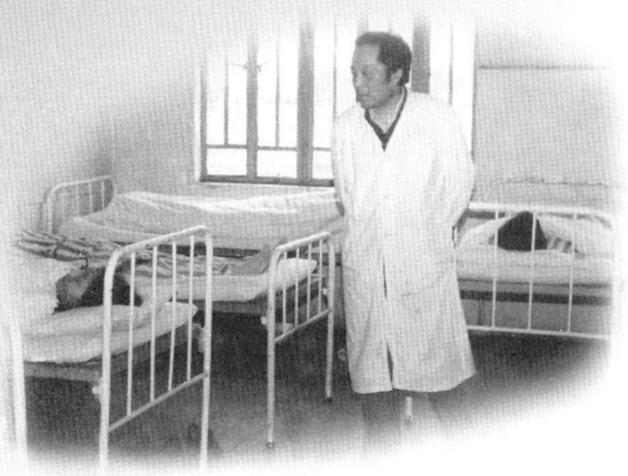

集體催眠

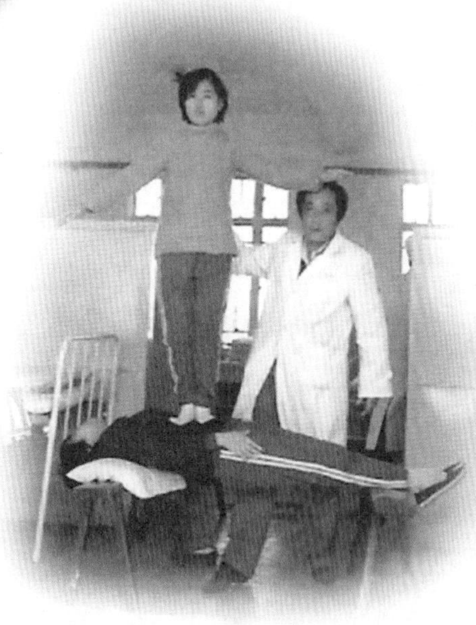

受術者軀體強直，身承另一人體站立

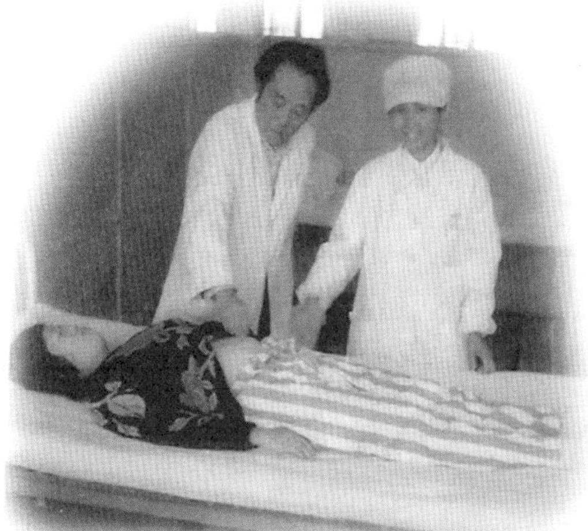

針刺腹壁不痛

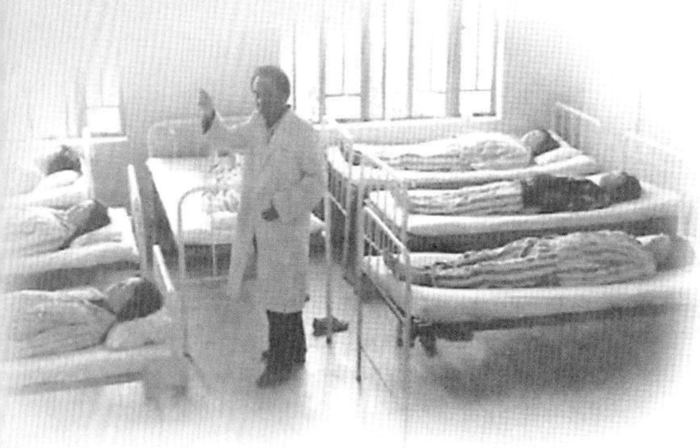

軀體強直

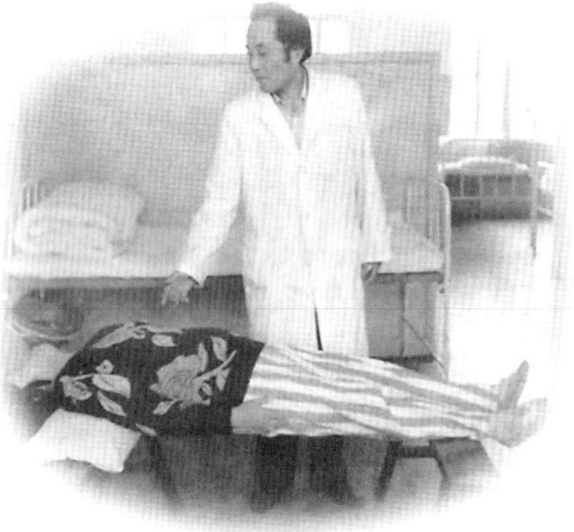

軀體強直

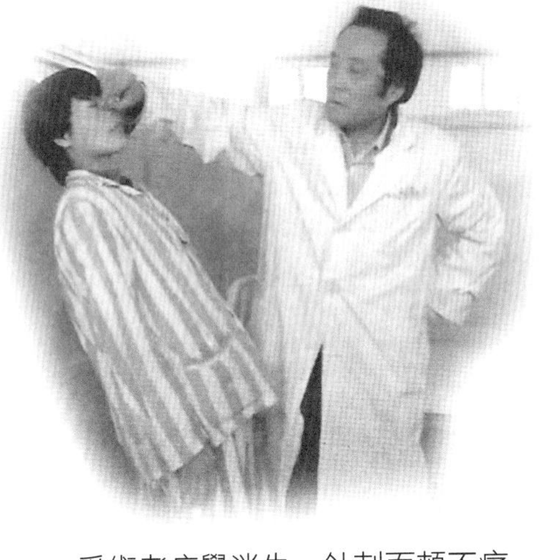

受術者痛覺消失，針刺面頰不痛

瞬間凝視催眠

前言

催眠術由來已久，世界上多數古老民族中出現過的巫術，假託神怪之力，進行祈禱治病等活動，實為催眠術的濫觴。經歷約兩千多年的演化，科學的催眠術才逐漸形成，其本質與用途方始有了正確的認識。心理科學家發現，催眠術乃是打開人們心扉的鑰匙，作為心理治療的技術，具有很高的應用價值。

英國醫生詹•普烈特（Jame Braid）於一八四一年觀察瑞士醫生在英施術的經過，深深服膺施術，親自研習試驗，認為是病人凝視某種物體，視神經疲勞而進入催眠狀態，首次定名為Hypnotism，即催眠術。嗣後又經巴甫洛夫、佛洛伊德等生理、心理學家的研究，認定催眠術的關鍵是「暗示」。

暗示使大腦皮層出現選擇性抑制，意識範圍縮小，從而接受指令並產生多種神奇的效應。如果施術者具備完美的人格和堅強的意志，受術者具有易接受暗示的性格，施術最容易成功。

我國近代科學的催眠術起始於二十世紀初。一九〇九年，被譽為「中國催眠術之父」的余萍客氏在日本籌建心靈研究會，專門研究心靈學和催眠術，一九二一年回上海設立中國心靈研究會（Chinese Institute of Mentalist），發行書籍、刊物多種，積極傳習推廣，十年間約培育出八萬多學員，是為催眠學術在我國發展的黃金時期。此後，它重又被國人認識與重視，相關學術團體與學術活動又見興起。這次出版的《催眠術與催眠療法》就是當年的「中國催眠術之父」余萍客氏所著的用以培育廣大學員的原始教本。相信它的再度問世對我國催眠學術的發展能起到良好的推動作用。

余同門師兄張裕庚君乃是治療精神病方面的資深醫師，師法本《催眠術與催眠療法》掌握了催眠術，在其所服務的醫院裏應用於臨床，對於多種功能性疾病（如癔症性癱瘓、失語、神經痛、性功能障礙等）的治療取得了顯著的效果。茲附發他施術照片數張，以作為學習本《催眠術與催眠療法》得益的佐證。

《催眠術與催眠療法》中的三三一～三三四頁為世界時刻相差比較表，因原書字體模糊、字號小，無法清楚看出原文字，並且張裕庚君認為，在實際操作中，其功效不甚顯著，故暫存其舊，望讀者見諒。

涂榮康

中國心靈研究會創辦人現任會長
兼任心靈學院院長本講義著作者

——余萍客氏——

開卷的話

全部講義分為三卷：第一卷，催眠術史；第二卷，催眠術本論；第三卷，催眠治療法。

這三卷講義限三個月之內熟讀、熟練，趕緊應畢業試驗（畢業試驗規則及試題附在製定的畢業試驗卷裏面），領取榮譽的畢業證書。

如果在三個月之內讀習不完，或有其他故障，那麼，只有向本院聲明讀習不完的理由，得展期三個月。展期仍讀習未了，或沒有好成績，得再次請求展限三個月。有充分理由的，最久得保留畢業權利，計由領到講義之日起扣足十八個月止，逾期便消失了畢業權利。

研究中，發現講義中有何種疑題，應該提出向本院質問（質問規則刊在卷後）。

打開這部講義就要開始作研究的筆記，以後每次研究所得，都記在筆記上頭。

這樣一來督促自己的功課，再則於修業期滿畢業試驗時，本院取閱這項筆記為審定畢業的最重要部分（查畢業試題便知）。

研究催眠術，首先要明瞭催眠術之淵源、系統、進化歷程與今日學術上的地位，所以要先將講義第一卷熟讀。

第二卷內容是催眠術涵領的一切理論法式、歷史法式、應用法等的整個。這一卷不止要如第一卷一樣要熟讀，還要熟習；認真領會悟通，務要求到實際的成績。第二卷全卷領會悟通之後，才進求試驗的成績。如試驗沒有成績，要細細找出什麼失敗的因由？更須向講義裏面尋到成功的保證！

讀完第二卷講義，跟著讀第三卷催眠治療法。第三卷雖不似第二卷的重要，但是關於治療方面，這裏已寫得很詳細。

三個月的修業期限很覺日子從容，當然在這麼日子裏可得完成其研究的工作，有的讀習很快，興味也深，趁著有餘暇的時候多讀幾本參考書，這再好沒有了；有的急切要成功，想著縮短修業的期限，可是時日過於短促，恐怕沒有工夫認真研究，於實學上頭，是差缺的，要顧慮到這一點。

有的把講義滑滑讀過，有的淺嘗便止，這些都沒有成功的希望！還有接到講義之後，不是看作寶貝一樣密藏在箱子裏邊，就是和隔年報紙混放在一起，這更加無用說了！

我們表示最遺憾的：是遇見一部分的國文程度太幼稚的同學們，他們本來是很熱心的，可恨程度不濟，或竟因此生出別種誤會來！

目錄

第一卷 催眠術史

目錄

目　錄

目　錄

第三卷　催眠術治療法

目錄

目錄

心靈學院函授部用書

催眠術函授講義

（催眠術史）

余萍客 著

第一卷

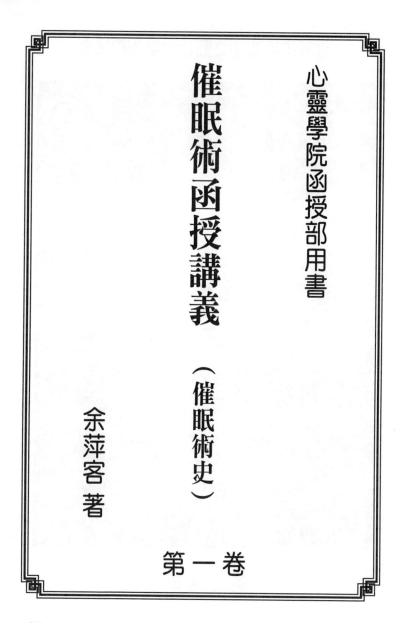

催眠術所濫觴之動物磁氣術倡導者

——美士馬氏——

第一章　催眠術與人類進展之過程

要想深究一種科學，不能不先從歷史的方法上去著手。所謂歷史的方法，不外是對於該科學的起源下相當的探討功夫，再從事於該科學進化程式的考察，然後依據過往的事實對照現在的情形，以推測將來發展的趨勢。這種歷史的方法，對於任何一種科學的研究都是有利的。因為科學的研究，目的在乎有新的發現，而這新的發現之產生，便要賴乎研究者有新的推論或假設。這推論和假設便是進行研究的理想之目標。根據這理想的目標而行種種的試驗，待獲到了堅牢不拔的證實後，於是新的學說、新的方法便成立了。

但樹立理想的目標也不是一樁輕易的事，因為理想的目標並不是憑空丟下來的，也不是隨手可以攫到的，必須有個可靠的推論才能成立，不然以後種種的試驗，便盡屬徒勞了。

至於這種推論又要什麼條件才可是說可靠的呢？這便須靠歷史的方法的研究了，也像上面所說過的：「依據過往的事實，對照現在的情形，以推測將來發展的趨勢」這幾句話。經過歷史的方法的研究，推測到將來發展的趨勢，這理想的目標便可獲得可靠的樹立了。

我們要下深一層的工夫去研究催眠術，那麼，這歷史的方法是不可忽視的了。

催眠術的存在

雖說催眠術的存在，是遠在人類社會進化之初，但「催眠術」（Hypnotism）這個名稱，卻在最近的十九世紀初期才與我們見面。為什麼催眠術的實質已有這樣長久的歷史，而名稱卻待至現在才發現呢？其中是有著極大的原因。

在人類社會進化的初期，人類所具有的智力是非常幼稚，絕沒有考究學術的能力，所以對於存有深奧學理的催眠術的現象，只看作是一種神秘的事情，便把它置於討論範圍之外。因此，催眠術的實質儘管存在著，而人類不會也不能給它一個名稱，因為古代的人們還沒有瞭解它。

現在，我們要追究起催眠術的起源，不能不說是一件艱難的工作。因為正如上面所說：古代的人類的智力不能瞭解到催眠術而把它置於討論範圍之外。所以除掉稗官野乘常有記載有類似催眠術的事蹟之外，看尋史書裏面，發現這一類的記載不多；向外國歷史尋索，也得不著明瞭記載。在今日我們要欲追究催眠術的起源，不能不承認這是一種艱巨的而又不可少的工作。

催眠術有系統的研究

催眠術到了最近的五六十年間才算有系統的研究，雖說在前輩研究者努力之下已收穫到多少成效了，但是看來還是非常幼稚，等待我們積極地去努力的地方還不少，新穎的學說的成立，進步的施術法的發現，和應用範圍的擴充，完全留待我們動手做去，將來的催眠術發達到何種程度，是不可意料得到的。

文化進展的歷程

在人類文化進展的歷程上看來：如歐洲十四世紀神權時代流行著實體和屬性抽象的研究；十六世紀文藝復興時代興盛了拉丁文的著作；十八世紀誇學式時代產生了數學理學的研究。我們可以知道，一種學說的發生和盛衰，是跟著時代而變遷的。到了這二十世紀的時代，是物質毒害暴露的年代了，應著這時代而復興的便是唯心論了。所以一般的唯心科學如心靈學、心理學、哲學等，都是人們所樂於從事研究的。從這點看，我們更可知道，無論在什麼時代，凡是學術上研究的問題，不是由學者自由選擇的，是由時代的背景所支配，而學者也不能有所反背的。

然而，催眠術之所以到了近世紀才惹起人們的注目之原因，也就是為了這「時代的需要」。試看東西各國設立專門機關從事研究，和學者們熱心的態度便是一個證明。

至於催眠術的歷史，很難獲得整個的系統，只可從片段的考察，提出各種片段的材料以供同學們的參考。這是催眠術用歷史方法研究的一種工作。

現在把催眠術歷來進展的過程分作三個時期，分別討論：（一）神話時代的催眠術；（二）占星術與動物磁氣說時代的催眠術；（三）科學時代的催眠術。

催眠術時代的變遷

第二章　神話時代的催眠術

埃及僧侶的失神的狀態

寶石占用術

催眠術的實用，遠在神權時代便已發現，施術於疾病的治療上，多收奇特的效果。但催眠術儘管奏著神效，而一般人仍不能對它瞭解，施術者和被術者都不明白其中的原理，歸結惟有說這種靈妙現象作用，是由於神力所賜，非人力可以做成功。

所以，古代操持催眠術的人，大抵多屬於宗教上的僧侶，適用於布教、占卜和治療，平民卻沒有練習的機會。

如在紀元前，千五百年左右埃及、羅馬僧侶，每乘著祭日（如似神誕）那天，在神前呈現一種失神的狀態，來替人占卜休咎。

又有一種占術，術者凝視著他手裏所握定的寶石，不久，他的眼睛閉起來了，能夠發出預言，可以答覆別人所占問的事情，靈驗異常（這種占術不單流行於埃及一國，即在數千年前的希臘和印度的僧侶們，也如此。細察現存的僧侶們的習慣，有一部分還存有這種占術的遺骸）。

那斯克教徒的催眠術

在一世紀時，耶教中另有一派名叫那斯克的，當教徒們在禮拜的那天，竟能施行純然的催眠術，教徒閉合雙目，默靜精神，不久便能發生一種幻覺。這種幻覺裏常常能夠會見神的姿容。這種作法，傳到十一世紀以後，在希臘教的各處寺院裏面也還流行。

別知卡斯那派的凝視法

其中最有名的便是別知卡斯那的一派了，他們所採用的方法是把眼睛凝視著自己的肚臍，就呈一種好像是睡眠的狀態而發生幻覺。

孟達尼斯托教徒的催眠術

在二世紀的後半期，耶教中有一派叫孟達尼斯托的教徒，在宗教的行事上也能應用催眠術原理，演出不可思議的事端。

阿婆羅的神託術

有一種所謂「神託」的方法，這是希臘得路夫阿洲之阿婆羅神廟的僧侶所慣用的，與上面所講的又另是一個方式了。他們在神廟裏的地面上掘開一個窟洞，洞裏升騰著硫磺性的蒸氣，術者在施術的前幾天便要斷食，乘著身心疲困的時候，走近那窟洞把蒸氣吸收，精神朦朧，便陷入昏迷的狀態裏了。在這種昏迷的狀態中，竟能發出種種預言而有應驗的。這種「神託」的方法，在古代羅馬、波斯、猶太各處地方，許多人都懂得這樣做的。

舍利奴的治病法

又有所謂「舍利奴」神廟所行的神秘法，是流行在希臘阿解亞地方。這種神秘法有許多地方是雷同今日所行的催眠凝視法的。施行這神秘法的手續，是把一面古鏡擱在神廟內的一個淺涸的井底裏，倘若由上面俯視下去，便呈露一種薄暗朦朧的姿容，掩映鏡中；施術者便使用這種設備來做疾病治療的工具了。如有病人來求治，施術者便命病人俯視井底鏡面所露出的肖像，更在病人身旁講些安慰樂觀的話。這樣，病人不上幾天，他的病真的會消除了。

以上所述的種種事實，在當時是被看做不可思議的神秘的魔術了；其實，在現代的我們看來，只是一種催眠術中的自己催眠的方法罷了。而當時以為行使這種魔術的人，是憑藉神力的，是非人力所能做到的，這是因為人類智力還是幼稚的原因。

埃及的醫術記載

在古埃及的醫術記載上，有一段記事是講及一個醫生只要用手掌停

歷代法皇的神秘療法

耶穌的治療奇蹟

放在病人的身上，便能把病症救治。這一種神秘的療法，和現代的催眠治病的道理是相類的。法國的佛蘭西斯一世至路易十世，歷代的皇帝都懂得施行這種神秘的療法。凡是讀到這種傳記的，多是稱奇不已。

假使我們翻開一本《新約全書》，便更能發現這種神秘的治療方法了。耶穌在生的當日，只用一句說話或以一舉手之勞便能把淍疾沉疴治癒。雖說《聖經》的記載未免誇耀張大，但也不能盡數抹殺，因為耶穌運用他的靈力作用來治病，其原理的所在，是和今日之催眠術治療的原理相同。

綜合以上所述的各種事蹟看來，可知催眠術的名稱在上古時雖然未曾成立，但是催眠術的實質，卻已經發現在數千年之前了。只因為當時人類思考力薄弱，不能瞭解催眠現象的原理；又因當時迷信的觀念的力量很大，便把這種不能索解的深奧的學理推到神的方面來，不再去也不能去探求一個解釋。

古代的人類對於催眠術的態度即是如此，在現代的我們想去考察往日的催眠術的真義和系統，是不容易的。現在我們為研究便利上起見，只好對於往日的催眠術概稱為神話時代的催眠術。

第三章　占星術與動物磁氣術時代的催眠術

占星術與催眠術無關係

用歷史的方法來研究催眠術，從上古到中古的這一個期間內，我們發現了一樁極大的憾事，就是：古代催眠術不論方法是怎樣，收效是怎樣，與現在我們所研究的催眠術，是沒有半點關係的。換句話說，即是：現代催眠術之發達，絕不是由於上古時代的催眠術所遞傳下來的。因為上古的催眠術只是些神話的遺留，絕沒有科學的根據，無多補益於現代的催眠術之研究。倘若上古的催眠術能給予我們以助力的話，那麼，我們現代的催眠術早已得著發揚光大的機會了。

催眠歷史的源頭

古代神話時期的催眠術和現代我們所研究的催眠術，是截然不同，所以現在我們所要追考的歷史，並不在神話時代；我們承認為催眠術歷史的源頭的是在中古的占星術和動物磁氣術的時代。濫觴者便是一七六二年的美士馬術。

美士馬術即是動物磁氣術，是淵源於占星術的，故在講述動物磁氣術之先，應先從占星術講起，以明統系。

占星術的意義

按照天上的星宿來占卜未來的事變和人的命運的一種法術是叫占星術；是以天星的發動有影響於地球和人身的這一種理論做根據的。在一四六二年別提魯朋朋那氏說：「星與星相互間有發動於他物之上的能力，即對人類的身體也能起有影響。至於地面上的各種奇異現象，皆可依此說明；人們精神上的治療，也不外是天星所影響的結果。」

巴拉昔路撒斯氏說的

瑞士有名的醫士巴拉昔路撒斯（一四九三—一五四一）曾經說過：「整個宇宙之內，完全充滿了磁氣，人體裏的磁氣，便是得自天星所分給的，因此人體與天星相互間是能發生影響的。人類的生存，不單要攝取食物的營養；更要靠磅礴宇宙全體的磁氣的營養。又不單是星與人之間有相互影響，即人與人之間，因體內磁氣的關係，也能相互影響的。

所以，倘能運用自己的意志而努力，便能發動於別人的意志上，可把別人的意志征服了。」巴氏又有過精神狀態的研究，他主張一個人的精神能夠察知未來和遼遠的事情。這種精神狀態的原理，巴氏把它歸入天星與人相互的作用之上。

黑魯門德氏說的

黑魯門德氏（一五七七—一六四四）關於磁氣曾經下過一個解釋：「相隔的物體，由牽引或反抗作用而生出相互的影響，這就叫磁氣。這種磁氣，又含有一種靈氣的精神力，可侵入一切物體中，使成運動。」他深信：「一個人的想像力裏，具有一種左右遠隔物體的不可思議的力量。」他說：「人的意志力的作用，對於藥物，能發出一種特異的力，使起變化。」「人和動物之間有一種交感的影響，憑人強固的凝視力，可以置動物於死地。」

羅別魯提夫魯疵多氏說的

羅別魯提夫魯疵多氏，在一六四〇年曾經發表過他的磁氣說，說是：「任何一種物體，都受天星的影響，磁石也不能例外，它也是受天星影響的一個物體；它是接受了北極星放出來的光而得到磁氣力。」

人的個體也存有磁氣力；這種存在個體裏的磁氣力，與地球所存有的同樣是有積極和消極的作用。兩個人相接近的時候，其中便興起有與磁氣力相同的一種牽引和拒抗的交感作用。這種磁氣的現象，不僅是在人類的個體裏會發現，動物、植物裏也有惹起相互的拒感，或是同感的現象的。」

屐魯耶路氏說的

屐魯耶路氏（一六〇二——一六八〇）是當代的一個哲學家，他曾經說過：「磁氣力是充滿宇宙裏的一種力，它在宇宙間的作用，是猶如連結神造的一切事物相聯的帶子一般。」屐氏曾經有過種種的實驗，據實驗的結果，他竟能證明宇宙一切物體如植物、動物、礦物、原素、太陽、月海等都蘊含著磁氣力。又說是人類的想像、音樂、愛情也帶有磁氣力的。

馬克斯偉路氏說的

與屐魯耶路氏同一時代的，更有馬克斯偉路氏。馬氏曾發表他的生活精神存在說，他的主張是：以精神生活憑藉遍滿宇宙的磁氣力侵入種種事物中，使事物保持本身特有的性質發生活動。人身之所以能夠活動，也是因為蓄積了這種精神在身體裏的緣故。因此，若是精神減少虛耗時，就生疾病了，等到精神恢復強壯時，疾病也就消除了。他也很主張隔離治療法的：「共通生活精神能影響到他人身上，所以遠距離的病痛，也能夠治癒的。」

克列提列氏的治傷法

英國愛爾蘭貴族克列提列氏（一六二八－一七〇〇）有一種特異的創傷治癒法，在十七世紀後半期的時候，已轟動一時了。他替人醫治創傷並不用藥石，只用手撫摸病人的患處，便可收治癒的實效。他自己認是一種磁氣力的作用，但其實是一種精神療法，且有類於今日流行的催眠暗示療病法。

加斯捏路氏的治療法

此後，距離約及一百年，在德奧間最有聲譽的醫學家加斯捏路氏（生於一七二七年）也有一種特異的治療法，獲得當時大好的批評，求治的人多極了，真可說是門庭如市了。他的治療方法是先令病人陳述病因，他隨時加以一些詢問，在經過相當的時間，病人便呈現一種像是失神的狀態，這時加斯捏路氏便向病人說明他的病患是被病魔依憑而起的，現在用降魔術強迫病魔逃遁，病患就可痊癒了。加氏說話的時候，運用嚴重而帶有命令式的口吻，用為治病的方法。凡經過他施術的病人，多可收治癒功效。他這種治病的伎倆，比當時磁氣術家更高出一等。

以上諸家的理論和治療法，大抵都是關於磁氣力的，而磁氣力又受天星的影響的。此後，依恃個人的智力，融洽各家理論，改變古來的傳說而成功一種新學說的，便是現在我們所要討論的美士馬氏了。

美士馬氏的事歷

在催眠術歷史第一期的學者裏，應該讓美士馬（Mesmer 一七三四—一七八八）占一個首席。雖然他所發表的學說不曾標出「催眠術」這一個名詞，而用了「動物磁氣說」（Animal Magmetism），但這動物磁氣說的運用，完全和今日的催眠術裏的治療法同一個樣子。所以談到初期的催眠術的歷史，是不能不從他講起。現在，在未研究他的學理以前，對於他個人的事歷，似乎很有敘述之必要。

佛蘭安東美士馬氏（Frans Anton Mesmer），在一七三四年五月二十

美士馬之生長與故居

美士馬少年的學歷

美士馬術發明的動機

三日出生於奧大利昆士單丁湖畔的因那鄉中（當時為德國所佔領，故後人有稱美士為奧國人或稱為德國人）。初時是研究神學哲學的，也修習過法律，最後便致力於醫學；在維也納大學畢業了，領有博士的銜頭，便在維也納市行醫。當時有一位天文學家黑魯氏，發明磁石治病法，美士馬也仿效他提倡磁氣治療法，並在理論方面加以說明，稱為動物磁氣學說。

美士馬依據動物磁氣說施行於疾病治療上，最初是用各種磁鐵來作治療的工具，後來察知這種治療的功果，並不是出自磁鐵物理的性質之上的，真正有治病的功果的，卻是那被包藏於人體裏的磁氣力因傳導而發生作用。此後便替人治病，

美士馬氏在實驗時

就不再使用磁石，改用一種按手法（英語名 Pass），也能獲得同等的效果。

按手法

所謂按手法，即是用兩手接觸，或稍為距離病人的身體，由病人的頭部順下撫至足部，如是反覆施行，使病人身體內磁力暢發流行，病症會得到良好影響，便可恢復健康了。

美士馬術治病的方法

據美士馬自己的解釋，說是他自己身內所藏的磁氣流動力，得由自己的手傳達到病者的身上，使病者體內所缺乏的磁氣得有補充，病症便可無藥而治了。又說是：運用按手法須由上方撫下才能發生磁氣，若由下方逆撫而上，磁氣便不能發生。施術至病者是痙攣狀態的程度為最佳，因為病者呈現痙攣狀態便是一種病的轉機的表徵，得著這種轉機，病就痊癒了。

磁氣桶

美士馬更深信磁氣流動力無論對於玻璃、織物、銅、鐵、砂礫等種種物體，都可以傳到。他便根據這種推論造出一個所謂磁氣桶來。

當時，美士馬的動物磁氣療法已風靡各處，求醫的人，日日加多，若對每個病人施行個別的治療，實在是分身不暇，他便考慮一個方法是能為多數人同時施行治療的；這個方法的具體實現，便是他所發明的磁氣桶了。這用為治病的磁氣桶的製法，是用堅實的木，做成一個尺來高的桶，桶裏中間，豎著一根標出桶蓋的鐵枝；桶底鋪上玻璃屑、布碎、鐵屑和細砂等；桶中排列著滿貯磁氣水的罐，都加上木塞，每個木塞通出一條細鐵線，繫在桶中間的鐵枝上；桶裏再盛滿了水，美氏便向著桶裏的水開口吹氣，這是使他本人體內的磁氣藉吹氣而傳於桶中的意思，然後將蓋子蓋上。那麼，這個桶便成為滿貯磁氣的磁氣桶了。

把磁氣桶放在薄暗的治療室中間，施術時，令二三十個病人圍繞著磁氣桶坐著，用一根繩子（或用病人衣帶），一端繫在病人身上，一端繫在桶上的鐵枝。桶中間所豎的鐵枝是標出桶蓋面上的，鐵枝上更綁著一枝極有光輝的金針。當開始施術的時候，令病人視線一齊凝集於金針上，眼睛不得他視，精神不得散漫，一面在鄰室裏奏出單調的音樂。如是工作，經過相當時候，這暗室裏圍坐於磁氣桶四周的病人，便都現呈一種靜睡的狀態；乘這時候，美氏便穿了博士的服裝，手裏拿著一根鐵條，帶了助手的醫生走進這治療室裏來，巡視病人一周，然後用鐵條撫擦病人的患處，再施行按手法。等至病人清醒，恢復原來狀態時，便令病人起立，宣告治療終止。

美士馬根據這動物磁氣說而施行特別的治療法，功效顯著，博得社會熱烈的讚譽，稱他的治療方法做美士馬術（Mesmerism）。

美士馬受國內醫界攻擊而出國

美士馬術的獲得了成功，一方受著社會上一般人的讚揚，但一方卻受著維也納醫學界的嫉妒，被詆毀為邪術，受著很大的攻擊。美士馬竟不能再立足在維也納裏。

美士馬離去了維也納，到各處地方旅行，想著暫時躲避開那些攻擊者的氣焰。不久，也便回到維也納來了，但攻擊他的人仍不少減。美氏在這種惡劣情境之下，便不得不實行離開維也納到法國巴黎去了。這是一七七八年的事實。

美士馬不畏千里的跋涉，遠離故鄉走到巴黎來；他的最重要的目

美士馬在巴黎治療的盛況

的，是在發表他自己的學術。幸而巴黎的民眾竟也非常歡迎他，名譽大起，每日竟超過千數的病人跑來求治，比在維也納時，加倍興盛，受治者每獲奇效。當時的美士馬，在一般民眾的心目中，竟成了一個神醫。

美士馬受巴黎醫界的攻擊

但美士馬術在巴黎，其後也遇了在維也納的同樣的命運，巴黎醫學會對他起了忌妒，開始向他攻擊，至此，美士馬又陷入絕境了，這是多麼令人歎息的事情！

巴黎醫學會反對美士馬術的動機，完全同維也納醫學界反對美士馬術的動機一樣，都是為了營業上的競爭，所採用的手段便是以眾暴寡，巴黎醫學會更憑藉政府的力量來驅逐他。

法國政府調查動物磁氣術

法國政府接受了巴黎醫學會的請求，但為慎重學術起見，未便遽然下令干涉，必先把美士馬術的真相調查清楚，然後再決定辦法。於是委任了委員去調查一切，同時又命醫學會也組織一個調查會去調查。

於一七八四年八月十一日，依據委員調查的結果，認美士馬術的磁氣桶的構造是絕無根據的，並不能發生磁氣，即改用別種器具，也能使受術者得到如受磁氣，所呈的同一狀態，這是由於受術人自身上所生的想像力和模擬而起，實在不是有動物磁氣力的作用存於其間。醫學會的報告，大致是相同的。

美士馬離開巴黎

美士馬受了這重大的打擊後，便頓挫不振了，因此亦不容久留巴黎了，於是在一七八五年不得已離去法國，逗留英國，不久便又轉回故鄉去了。到了一七八八年，這位佔有催眠術歷史首席的美士馬氏便鬱鬱而沒了。

美式馬之死

美士馬死後，磁氣術便暫見停頓了，但不久又呈現著勃興的現象，研究它的人漸漸多起來了。不過在後這磁氣術在學理上變遷了，或竟有全不以美士馬的主張做根據的。其中最著名的研究者，便是爹・批昔爾蘆氏了。

批昔爾蘆氏繼起

爹・批昔爾蘆氏是美士馬的弟子。在一七八四年的時候，有一次他向一群農夫們施行磁氣術，無意中發現一個受術者呈現一種新現象，類似人為的睡遊狀態，並且能夠喚起幻覺。當時那個受術者原本是一

批昔爾盧氏的學說

個思想單簡的愚魯的農夫，自從經過這次施術後，便覺得轉變伶俐了。

爹・批昔爾蘆氏也常運用磁氣術來為人治病，多奏奇效，因此便引起許多人的信仰，來求治病的人，也不下於他的業師美士馬的盛況。

爹・批昔爾蘆氏雖說是根據他的業師美士馬的治療法來問世，但在美士馬死後，爹氏對於磁氣說學理上解釋，已有多少變易了。

爹氏說：「宇宙間存有一種類於電氣性質的氣流，這種氣流充滿在一切物體上，尤其是人的身體上，包藏這種氣流更覺豐富。一個人可以隨意把這種充滿於身體上的氣流發動而傳感於他人，誘導使他入睡遊的狀態裏。」

爹氏根據這理論，在施術時就不必使用磁氣桶了，他施術的手續，只用單純的接觸法或施用命令的語調便能收效了。他自己曾經說過，他施術所生的睡遊是很和平的，不像美士馬術所起的痙攣那樣劇烈的現象。睡遊者對於施術的人所給予的語言命令是絕對服從的；在睡遊中所做過的事情，醒後就不能記憶的。他又曾經說過：睡遊者與施術者相互間有著密聯的關係。

爹氏的學說，是近乎心理的；美士馬的學說，卻偏於假借物質的，故美士馬容易被人乘他的弱點施行攻擊，但爹氏卻不致受人十分反對。以後法國大革命爆發了，全歐騷然，研究磁氣術的風氣，便一時消止了。

美士馬的動物磁氣術一切經過的情形，我們都已了然其概略了。他這種學術的現象和原理，在現在看來，原不過是現在的暗示催眠術的原理罷了，並不關涉什麼磁氣力的。

倘若當日美士馬能夠不標出這動物磁氣說的名詞，不取物質的假託，而採用心理療法或精神療法的名稱，攻擊他的人便無隙可乘了。可惜美士馬當時還缺乏深究的功夫，未能發闡好像今日催眠術的學理出來，以牢固自己學術的根基，竟至弄巧反拙，造出一個絕無根據的磁氣桶來，自陷於失敗之地，召被逐的恥辱。

美士馬所用以治病的磁氣桶和他所發表的學理，雖不能盡滿人意，

德國動物磁氣術的興起

而受人攻擊，但美士馬術的成績終不容抹殺的。其中實存有相當的真理而有研究價值的，所以自美士馬死後，他的動物磁氣術並不因他本人死亡而消滅，歐洲各國反爭相研究，認為一種重要的醫術。

法國大革命時，動物磁氣術的研究極其消沉，但在德國卻呈現勃興的氣運。萊茵和普列棉兩處地方，尤其顯著異樣的盛行的風氣。

在一七八六年的時候，美士馬的弟子拉發爹路氏到普列棉，依效爹・批昔爾蘆氏的方法施行動物磁氣術的試驗，且教授醫界中人，作為一種補助醫術的治病法。自經拉氏提倡後，應用這磁氣術而治病的學者，便相繼興起，收穫著極良好的成績；普列棉竟成為一個研究動物磁氣術的中心的地點了。

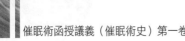

萊茵的動物磁氣術是由普列棉傳入的，當時萊茵有名的醫生也給予很大的信心來從事研究，所以萊茵的動物磁氣術也同普列棉一樣盛行。

動物磁氣術在德國遇著了極好的機運，以普列棉為中心點，逐漸通行到其他各處地方；在柏林，也引起了許多醫生研究的興趣。不過，

普魯士政府派員考察動物磁氣術

（巴黎婦女救濟院成立於1656年）

（圖片說明：這是首先採用美氏馬術治療神經病及癲狂病醫院，在巴黎著有名聲。自美氏馬術發明後不久，該院首先採用此法，後歷數十年。著名神經病學者夏路哥氏即研究於此。）

反對的人並不是沒有，只因當時大勢所趨，反對的人不能發生什麼阻撓的力量罷了。從十八世紀末葉到十九世紀的初期，關於磁氣術的學理和磁氣術的療法的研究，真是盛極一時，不論是醫生、生物學家、哲學家，都成了這一門學術的忠實信徒。

一八一二年，普魯士政府想對於動物磁氣術下個精密的研究，便委富魯發魯托氏親到美士馬的地方考察動物磁氣術，其後富氏學成施術方法，成為一個熱心的動物磁氣術的信徒；回到普

富魯發魯托氏的熱心

魯士來，在病院裏應用動物磁氣術治病。在他做柏林大學教授的時候，編成動物磁氣術的講義，傳授學生。

美士馬墓前的紀念碑

這時候，美士馬已成為德國醫學界敬仰的中心了。柏林醫界為感美士馬發明的功績，在他的墓前建立起一座紀念碑，一面是用以來表示敬慕先哲之心，一面又存有提倡動物磁氣術的意思。

哥列布氏所說

當時，動物磁氣術的勢力真是大極了，那個名聞歐洲最有聲譽的大醫生哥列布氏也是熱心研究的一分子。他曾說：借仗該術的效果，可以助藥物治療之不逮。

動物磁氣術彌漫歐洲全土

德國提倡動物磁氣術，不獨盛行於本國境內，風氣所被，竟彌漫歐洲全土，最先傳到的就是俄國、丹麥。其他各國都以動物磁氣術為一種新奇的學術，先後加入研究的人很多，其中只有瑞士和義大利是比較落後的。

法國動物磁氣術的重興

美士馬在巴黎被逐後，跟著法國大革命爆發，動物磁氣術便是一時消沉的現象，但革命戰亂後，十九世紀初葉又回復到繁興的景象了；不過，當時的動物磁氣術學者儘管仍用舊名，但他們所持的理論已經完全改變了，或竟可直說是把美士馬原有的學說全盤推翻了。法國學者之所以能夠不墨守美士馬的舊學說而另闢新途徑，也有他們的原因在：德國人是美士馬的最忠實的研究者，他們研究者的份子純屬醫學家，所研究的地方只限於醫學的領域內，所以不能另有發展；法國的美士馬研究者的份子便不如德國的狹小了，除了醫界外，還有其他的學者也加入研究。所以，動物磁氣說便向多方面的發展，絕不囿於美士馬的舊說；結果，動物磁氣術便愈益科學化了。

佛阿利阿氏的議論

在法國，當時有一個由印度來巴黎的學者，名弗阿利阿氏（Faria葡萄牙人，哲學家兼神學家），他也是深究動物磁氣術的一員。據他在一八一四年至一八一五年實驗的結果，發現美士馬術的真相。他不是襲用美士馬所用的方法，只用命令的語調使被術者入睡，也可收同一效用。因此，他便決定動物磁氣術的現象，不歸於施術者之力，是完全被術者本人的想像而生。他曾經發表過一說：「使動物磁氣術的現象發生的，絕不是美士馬所說的那種動物磁氣不可察知的力；被術者發生睡眠的原因，是存在被術者本人的身上；即是：動物磁氣術的現象，不外由於被術者的主觀而成立的。」

細考弗氏的理論，美士馬的舊說竟給他完全推翻了。他給與法國的動物磁氣術的研究者不少的影響。而他所主張的施術法只用命令的語調，這一點正合以後南西派所持的暗示術的前驅者，故弗氏之名，在催眠術史上也佔有重要的地位。

花撤克氏考察動物磁氣術的建議

動物磁氣術自從經過許多學者精究以後，它的方式和學理，已不如美士馬在時所主張的那樣不科學了，實在存有討論的價值。所以在一八二六年，花撤克氏提出考察動物磁氣術的建議，請巴黎醫學校實行。當時學校裏雖有人持反對的異議，但他的建議卒被採用，舉出了調查委員十一人，耗去五六年的心力去調查，報告書在一八三一年才發表，大要如下：

十一員委員調查結果的報告書

用拇指或手接觸撫擦患者身體，或稍離患者身體而行按手法時，患者便受施術者誘導而入失神的狀態；換句話說：即施術者身內的磁氣作用，移於患者的身上。

傳移磁氣作用所需的時間為一分鐘至半點鐘。

對於曾經一回陷入磁氣睡眠的人重行施術，可不必再施行接觸或按手法，施術者只憑單一的意志去促起被術者精神的反應，便可獲得與用接觸或按手法所生一樣的磁氣作用。

被術者感受磁氣術後，所生的結果，有種種差別：或有發生興奮的，或有發生沉靜的，血行的進行，都是突然促進；或有發生攣痙的，筋肉有如受電氣的衝動；或有發生麻痹和昏睡的，感覺帶多少遲鈍。也有呈現遊睡的狀態的，凡是陷入遊睡狀態中的被術者，他的知覺和性能有種種的變化；或有被術者在多數人談話之中，只能聽到施術者的言語，別人的聲音就不能聽得；或被術者只有對於施術有關係的人能答話，但也能對於任何人都能答話的。

在醒後，很少能記憶遊睡中經過的事情的。又有在睡態中的被術者近旁發出巨大的聲響，他也不知感覺的。

眼瞼若是閉著，旁人用手指也難使他睜開，若用強力使他睜開，他會覺著疼痛；瞳孔收縮，眼球會向上方轉動，時或陷入眼窩裏。

有時嗅覺停止作用，即使把硝酸或阿姆尼亞的刺激藥移近他的鼻管，也沒有反感。嗅覺停止作用不是常有的事，被術者也有依然具備敏銳的嗅覺的。

依觀察所得，最多數的睡遊者，竟會完全失卻感覺的。抓到他的身體容易發癢的部分也不知反應的。甚至捻他的皮膚，用利針刺入，也不知痛，即施用最痛苦的外科手術也全不感知。竟連容貌也沒有表示如何感覺，一切情感、脈搏、呼吸都沒有變化。

一個被術者最初次受術時，要施術十回八回才陷入遊睡狀態的，也未嘗沒有。

睡遊狀態一始一終，好像自然的睡眠一般。

睡遊狀態的被術者，具有醒覺中的諸能力。

睡遊者對於睡遊以前的往事，都可恢復記憶，因此，可以證明睡遊者的記憶力比醒覺時還優良。

有兩個睡遊者，眼睛是緊閉著的，但放在他眼前的東西，不用手摸觸，也能辨明；試驗人用指離空寫字，或隨便翻出書中某行的文字，他也可以讀出來。即使用手指壓蓋睡遊者的眼瞼，也還可保持這種超異明辨的力量。

又有兩個被術者，有預言未來事件發生的能力。有一個他能說出何時何日發生癲癇病。另一個則預言病患的痊癒期。這種預言其後盡成事實。但這種預言只對於其本身才發生效驗。在許多睡遊者之中，獨有一個能說中與他有關係的三個人的病患和病的徵兆。

受術治療的患者中，也有未見獲得何種效力的，但就大多數講來，總會得到多少成績：如矯正不良習慣，恢復體力，停止癲癇病發作，或是痊治繁瑣的痲痹症。

以生理學的現象動因，或治療方法看來，磁氣術在醫學範圍之內，

磁氣術趨向下流

可佔有相當的位置，而這磁氣術研究和管理的責任，應由醫師負起。

本調查會對於受磁氣術而陷入睡遊的人，他的性能會受何種的變化，雖未多得證明的機會，但是彙集確定有如上述的事實，以備專門學校應獎勵磁氣術研究的辨明，卻自信有充分的力量了。我們可下一斷語：磁氣術可成為心理學及博物學上有興味的一分科。

以上的調查結果，在一八三一年六月二十一日至二十八日開會宣佈，震動了當時巴黎醫學界，但並不見有什麼贊成和反對的爭論，也不見有什麼提倡推行的辦法。

在法國，動物磁氣術雖已表露了不少功績，在後又經過精密的調查而真義大白，但仍不能消去醫學者「先入為主」的不信仰的觀念；不過在民眾方面卻獲得大的歡迎，於是磁氣術的進行路徑，自然便趨向下級民眾了。因此，磁氣術便被一般不良分子利用來作漁利的工具了。動物磁氣術竟由此越弄越糟，名譽大失，再難得到振興的希望了。

在動物磁氣術雄霸學術界的時候，催眠術還不曾誕生出來，只因為動物磁氣術的現象和原理，是合於今日的催眠術的，所以講論催眠術的歷史，便不能不先敘述這暗有關聯的動物磁氣術。但我們也應該知道，這動物磁氣術雖與今日的催眠術有著若干的關聯，但它的價值和實用卻與今日的催眠術仍沒有關係。若想考究催眠術的發生和學理功用，要請注意下章的續述。

普烈特氏發明催眠術

第四章　科學時代的催眠術

在我們下筆敘述催眠術的歷史的時候，在科學時代的這一個期間內，第一個走入我們腦子裏的，便是英國的普烈特氏了。普氏是現代催眠術的始創者，「催眠術」這一個名稱是由他定下來的，他不襲用動物磁氣術的名稱和原理，他以一己深湛的修養來發闡催眠術的真義，把早已存在而未經整理的催眠術現象和原理加以整理，成為一種有系統的科學，傳播於世。

普烈特發現催眠術是在無意中的

遮穆斯普烈特（Jamse Braid）是英國曼徹斯特的一個醫生。他本來是有了動物磁氣術的知識的，不過，他並不是一個熱心的信徒。在一八四一年十一月的時候，瑞士磁氣術家拉夫典氏到英國旅行，並做磁氣術公開的試驗，普烈特即去參觀，他去參觀的本意是在找出施術人欺詐的行為而給予指摘的，但施術的經過，卻無隙可乘，找不出什麼假偽的地方，反而因被術人所呈現的奇異現象而引起他的驚異。

再經第二次的觀察，發現被術人的眼睛總是緊閉不能睜開的；這一點地方是最惹起他的注意，他以為這種閉目現象，是由於神經的疲勞所起的，可以說是人為的睡眠。為想證實他這一個推論起見，便集合自己的親友，施行試驗。

普烈特氏在實驗時

他用一個盛了水的玻璃

瓶，放在被試驗的人面前，叫他專心凝視，不久就可看見被試驗人合目入睡，所發生的狀態與受磁氣術的被術者所呈的狀態相同。

普氏便相信他的推論是可以成立的了；同時便看出所謂動物磁氣術的現象，全是由被術者主觀的性質所起的一種人為的睡眠，並不關乎那種奇異不可摸索的磁氣作用。他便把動物磁氣說完全打破，而宣導他自己的視神經疲勞學說。

視神經疲勞說

視神經疲勞的結果，即發生一種人為的睡眠狀態。普氏就根據這一點在希臘語裏的 Hypnus（睡眠之義）又或 Hypnotikosne 的文義，選出一個名稱叫 Hypnotism，直譯出來，就是現在的「催眠術」了。

催眠術三字的出處

催眠術的實質在許久以前就存在了，但名稱須待至普烈特才把它定出來。普烈特和美士馬在催眠術的歷史上是最有名的、最受人敬仰的兩顆明星。

普列特根據了這種催眠術學說，多方去彙集經驗，發表了不少的理論。一八四三年間，已著有《神經性睡眠論》（Neurypnology）一書，

普列特神經性睡眠論中重要的發現

書中有不少重要的發現，如：（一）催眠狀態分有種種的階級；（二）在催眠中被術者的感覺以觸覺、嗅覺、聽覺為最敏銳；（三）施術者的暗示，能惹起被術者感覺失脫或筋肉昂進。其他尚有重要發現的地方，如：被術者的姿勢與感情有關聯。關於這一點，他曾經有過試驗，即施術者對於陷入催眠狀態的被術者令他做出憤怒的姿勢，竟連憤怒的表情也呈現出來；令他做出悲哀的姿勢，竟連悲哀的表情也呈現出來。這種情形，在現代的催眠術實驗上去考察，是一件確實的事情。

這一樁發現，可以說是催眠術上的一個大貢獻。只是他當時所持的理論，未免太偏於睡眠，而睡眠的性質，本屬普通的現象，無論誰都有這一種能力。而普烈特所持的理論，除了少數學者去研究之外，不能喚起一般人熱烈的歡迎。

總之，不論任何時代，倘若提出一種新發現的學術來，總難得當時的一般人的承認而不加以非難的。至於一種新學術的鼓吹，也不是一個人的力量可以收到迅速普及的效力的。普烈特的催眠術在當時不能與盛，而要待以後的學者繼續提倡才見發達，原不足怪。

美國格拉姆斯氏的學說

同時，在美國有格拉姆斯氏（Grimes），他也是一個動物磁氣術家，但是他也另有別的新發現，並不襲用磁氣術的舊說，他只用語言的暗示，便可引誘被術者陷入睡眠的狀態。這是他自己的新發現，對於普烈特氏的催眠術不想混同，便別立一幟，取名為「電氣生物學」（Electro Biology）。

格拉姆斯和普烈特倆對於學術的研究，在方法上是分離的，他們所採用的是各有各人的方法，不過終於都是「異途同歸」，所獲得的效果是相同的。在一八五〇年，格拉姆斯的弟子達陵克氏到英國去提倡電氣生物學，曾經公開的試驗，被術者所呈的狀態，英人認為與普烈特氏的催眠狀態相同。

克羅氏的電氣生物學說

法國醫師克羅氏，曾到美國去學習格拉姆斯的電氣生物學，至一八五三年才回到歐洲。遊歷各國，到處提倡電氣生物學，所以當時的歐洲大陸，也傳遍了電氣生物學的呼聲，只因他們所使用的學術名稱不得其

布魯加、符阿鈴等用催眠術施於刀割手術

當，後世的催眠術界不能替他表彰，格拉姆斯也就不能在催眠術史上佔一個位置了。

在一八五〇年以後，催眠術的風氣大開了，從事研究的人也就加多了；把催眠術應用在醫術上的也多了。醫師施行刀割手術時，用催眠術先使病人陷入睡眠狀態，病人便不感著痛苦；更可把催眠術來代替蒙藥，如布魯加和符阿鈴等曾用催眠術割瘡，患者不覺痛苦，這便是實例了。但當時的醫師，並不全是具備催眠術智慧的，為對病人慎重起見，雖然看見了布魯加等成績實例，也不敢輕於一試。所以，當時能夠運用催眠術於外科手術以代替蒙藥的醫生並不多，若果當時能根據布魯加等的成績，提倡催眠刀割術，積多年的精密的研究，傳到今日，逆料今日的外科手術上久已廢除蒙藥，而運用催眠術來作麻醉的手續了。

我們讀了以上的催眠術的歷史，可知道一八四〇年後的催眠術已超越了從前動物磁氣術時代的曖昧的理論了；再加上布魯加氏的以催眠術施於醫學手術上的成績，便惹起世人極大的注意了。

李益璞氏繼起

在法國，研究催眠術的人最見狂熱，因此，催眠術興起的機運得法國人助力的地方不少，當時在法國多數研究催眠術人的當中，最有發明貢獻，令人敬仰的要算李益璞了。

李益璞（Angust A Liebeault）是法國人，在南西（Nancy又譯南錫）市附近行醫，初時也是一個動物磁氣術家，其後卻轉從普烈特的新法，常常運用催眠術的療病法替人治病而不收費，所以他積集了許多研究的資料。這些資料便成功了他的「人為的睡眠狀態說」的新學說。這新學說的主旨是注重被術者的主觀，與普烈特的舊說稍有出入，而與從前的弗阿利阿氏的主張卻有相合之處。

他在一八六六年著有《類睡眠論》一書，全是為提倡他自己的學說而出版的，但該書卻不曾得到社會十分注意。在一八八二年，南西醫學專門學校教授伯路夏母氏（Bernbeim）覺著催眠術的需要，便投身入李氏門下來研究催眠術，成了一個熱心的研究家，從中為李氏吹噓。

到了一八八四年的時候，又兩回刊行《暗示及治療應用》上下兩卷的著述。到了那時，社會人士對他的態度為之一變，不像先前的冷漠，獲得極大的讚譽，投到李氏門下的人日漸增多。那時有名的生理學者波你氏（Beaunis）、法學者里知惡氏（Liegeois）對於催眠術都發生有興趣，聯合了生物學界和法律學界的學者共同努力去研究，加厚了催眠術研究的力量，造成功一個南西學派。

造成南西學派

「南西學派」的名稱，是直用它的發祥地的地名以作稱號的。學派裏的宗主便是李益璞氏，輔助進行的便是伯路夏母氏。南西派所主張的是「暗示說」。他們以為催眠術之現象，是被術者接受了施術者的暗示而起的一種的現象。他們依據這一種主張，改革了普烈特的施術方法，他們只用暗示的誘導，便可令被術者陷入催眠的狀態。

南西派暗示說的主張

南西派的暗示說是側重心理學方面的研究，比普烈特的視神經疲勞說單純以生理為主的較有進步。暗示說實具有有力的根據，所以少有對他發生異議的人，至於今日催眠術的施行方法，更不能脫離了暗示的作用。故此有人說過：催眠術簡直可以稱為暗示術。

撒路皮托路耶路學派

在南西學派勃興的當時，法國撒路皮托路耶路（Salpetriere）的地方有一個神經學大家夏路哥博士（Ieam Martin Charcot），結合了巴黎有名的生理學家李施（Charles Richet）組織一個學派，研究催眠。他們的學派名稱也是用他們的所在地的名作為稱號，所以便稱為撒路皮托路耶路學派。

撒路皮托路耶路派的學者，都是治療神經病的醫生，所以他們對於催眠術著眼的地方便同南西派兩樣了，他們研究催眠術學理，是偏於病理方面，他們認定了催眠狀態與歇斯底里（Hysteria 的譯音，病狀詳催眠療法卷）患者所發生的狀態相同的。換句話說：即催眠術狀態不過屬於人為的誘導，喚起被術者一時發現歇斯底里病的狀態而已。

大小催眠的區別

依據這種主張，他們便在催眠的現象上區分為大催眠和小催眠兩種。大催眠是屬於完全的催眠，類似歇斯底里病大發作的樣子；小催眠是屬於不完全的催眠，類似歇斯底里病小發作的樣子。在大催眠中又分強直、昏睡、夢遊三種狀態。

大催眠中三狀態

兩派爭長的結果

撒路皮托路耶路學派發表了上述的主張，在當時的學術界頗佔勢力，很足以使社會人士發生興味和驚訝。但他們這種學說本身是缺乏了強固的根據，給南西派攻擊得不留餘地。南西派認定撒路皮托路耶路派的三種催眠現象，全是因暗示的結果而發生的。至於撒派所謂催眠現象與歇斯底里病的現象相同的主張，更為事實所推翻，因為按照實驗所得，有時對那些帶有歇斯底里性質的人或發生歇斯底里病的人施術，並不見得催眠感性一定是強的。當時兩派的意見非但不能融合，並且是互相水火。但最後的勝利者卻屬於南西學派了。南西學派得著勝利後，信仰他的人更多了，連撒路皮托路耶路派的人也有轉入南西派而信從暗示說的。於是撒路皮托路耶路學派便消沉了。

李施的新理論

但撒路皮托路耶路派中心的李施不斷的熱心和努力，在最近又找出新的理論以替代過去的錯誤。他已承認了要以各種學為根據，及以實驗為方法，以代替他過去單純的神經病態學說，而南西派也放棄其攻擊了。他於一九三〇年巴黎國際心靈學院院長山陶李居島（Santoliquido 義大利人）死後而繼任院長。

綜合本章催眠術演進經過的大略看來，由神秘不可思議的動物磁氣說，轉入普烈特的視神經疲勞的生理說，再轉入李益璞心理的暗示說，還有夏路哥的人為歇斯底里的病理說（神經病態學說）等，都是把催眠術建築在科學的基礎上的，所以這一個時代，催眠術經過的歷史，名叫科學時代的催眠術。

以上都是西洋方面催眠術進行的大概。其中，最見成績的是法國，其他各國也大有研究催眠術的人，現在更把十九世紀之末二十世紀初年時代比較有名的介紹出來：

Binet（法） Janet（法）

August Foiol（德） Albert Moll（德）

L.・Loewenfeld（德） Binswanger（德）

Kraft-Ebing（德） Kraepelin（德）

Ziehen（德） Schrenck-Notzing（德）

Jendrassik（奧地利） Benedikt（奧）

Obersteiner（奧） Laufenauer（奧）

Morselli（義大利）

Ringier（瑞士）

Delboeuf（比利時）

De-Yong（荷蘭）

Lebmana（丹麥） Hansen（丹）

Wetter Strand（瑞典）

William James（美） Munsterberg（美）

Sidis（美）

Bechterew（俄羅斯） Stenbo（俄）

Daniel Hack Tuke（英） Bramwell（英）

Sidgwich（英） Myers（英）

日本催眠術的發源

談到日本方面催眠術的發源，卻不易稽考。在日本，催眠術名稱至

日本催眠術早期的學者

明治中葉的時候才見發現，雖然早在明治初期即有人研究催眠術的實質了，但沒有人懂得叫它作催眠術，只與幻術受同樣的看待。如明治四五年有宇都宮三郎表演催眠術，當時的人只叫它作幻術。到了明治二十年間，社會上仍未流行催眠術的名稱，但在明治二十二年，有一個醫生叫馬島東伯氏，他已運用催眠術來治病了，竟獲得良好的效果。這時才惹起社會的注意，催眠術的名稱方始出現。當時又有中村環氏也曉行催眠術，深得當時帝國大學教授井上圓了氏的同情，曾為中村氏著述《妖怪學講義》一書，該書中有許多地方是推求催眠術的原理的。他是在東洋方面研究催眠術最先的人。

日本催眠術最近提倡者

此後，又有大澤謙二醫學博士和高島平三郎等研究催眠術，很能精到，但當時因受了別的影響，不能推廣進行，所以催眠術氣運便暫告中斷了。到了明治三十三年，催眠術的氣運又復興了，一直到了現在，研究的風氣還是日見廣大。其中最有名的學者是小野福平、山口三之助、桑原俊，文學博士福來友吉，醫學博士吳秀三、椿山遠吉，最近則有橫

中國有同如催眠術現象的歷史觀察

井無鄰、古屋鐵石、村上辰午等。

在日本，催眠術的著作除小野氏、福來氏的大作外，竹內楠三、澀江易軒、岡田喜憲、森哲心、村上辰午、橫井無鄰、古屋鐵石等，也有許多催眠術的書本刊行，因為他們鼓吹催眠術不遺餘力，所以日本催眠術非常發達，獲得這種智慧的人，要比中國來得多。

催眠術在日本興起不過三十餘年的歷史，而能有捷足的進步，排除外界的礙力，闡發深湛的學理，由中落至復蹟與興盛，這種功勞，全是小野福平和福來友吉兩人所建立。現在小野雖已逝世了，而福來氏還健存著。他非常努力於催眠術的提倡，終日不停地寫著心靈學、催眠學的著作，所發表的理論，從未受過別人半句非難的批評。可以說，他是東洋方面催眠學界中的第一個老前輩了。

中國上古的時候，多有催眠術現象的存在，如由黃帝至今不衰流行於民間的「祝由科」，也就是近於應用催眠術的治療法。又如列子說的：周穆王時西極之國有化人來，入水火，貫金石，……黃帝夢遊華胥；唐明皇與申天仙中秋夜同遊月宮等，也就是因催眠術的原理之運用，推而達到精妙不可思議的境地。其他周秦諸子所談的怪異的學術，多是同於催眠術的學理而演出的。

倘若我們去翻閱我國上古的歷史，尤其是從稗官野乘裏總可以發現到催眠的事蹟，但是催眠術的學說何以竟不見有人提出研究呢？這是有著很大的原因。我國儒家泥守「子不語怪力亂神」的一句話。就把世上一切奧妙的理竄，輕輕放過，不事追究。凡是孔子不曾談到的學術，不管好壞，便加上了異端的罪名，詆毀排斥。催眠術固然是受了這種暴力的壓抑而不能興起，就是其他一切的科學的原理和實用，也同在這惡劣環境之下而不能見用。現代的中國，文化低落到這個地步，食古不化的腐儒們實在是一個罪魁。

中國古代的學者，對於催眠術的學理既是無人去研究過，在今日要找點中國催眠術歷史的資料，當然是一件很難辦到的事。在中國，本來是有名的精神文明發達的國土，所以談論哲理、心理和神秘學說的人很多，他們有不少議論是暗合催眠學理的，不過，若果把他們歸入催眠術的範圍來討論，便不免會被人指摘為「牽強附會」了，所以對於中國古代的催眠術史，著者便取「寧缺毋濫」的態度，暫不敘述。但著者一到閒空時，擬另寫一本《精神作用故事百談》出版以供同學們研究。

中國的士大夫階級可以說全是儒家的份子，他們有了「子不語怪力神亂」的觀念，便把催眠術現象看作神怪的事情，不屑去注意，但民間卻非常流行著，且因屢奏不可思議的神效，而獲得很大的信仰。一般傴巫跛鼓，肯注力來運用這奧妙的技術，所以，中國催眠術的存在，不存在文字記載上，只存在下級社會中，他們是以口口相傳而流佈著。在催眠術史上看來，這是異於其他的國家的，中國催眠術之所以不能興起，這又是一個原因。

在我國的下級社會中，有不少神秘的事情是基於催眠術的原理而演繹成功的，不過他們所呈現出來的現象，並不是催眠術的現象，而是另一種現象罷了。其中如降「青蛙神」、「竹籃神」、「關亡問米」等，都是別饒趣味的。現在把它們的大略介紹出來。

降青蛙神

夏秋之間，天氣晴和，遇著月亮當空的夜裏，鄉間民眾多在曠地聚談，便多喜歡把這個遊戲拿來消遣。曉得施術的人，擇一個十餘歲的男童來施術，用焚香念咒的手續來蠱惑他，瞬間，被術者便神志昏迷，像是睡去了一樣。這個時候，青蛙神便降在他身上了。別的兒童便稱他做師傅，請他打拳舞棒，被術者便施架子，開門戶，手起腳落，進退跳蕩，居然是一個武術家，等到燒符神退，被術者才醒來，回問他受術中所做的事情，他是不知道的。

其他有降「扁擔神」和「斷犀牛」等是同一樣現象。

請竹籃神

這是我國少年閨女們的一種遊戲。每當清閒暇日，姊妹群聚的時候，便取一個竹籃，外面披上一件衣裳，把一根長筷子縛在籃子的手挽上，筷子的上端頂著一個椰子殼，彷彿裝成一個人的模樣。一女雙手捧著，可左右播動，術者請神要焚香唱歌，旁觀的人也須隨聲和唱，瞬間，捧籃子的那個女子的手不動了，但那籃子會得自己顛動著的。

在這時候，倘若對籃子發問，籃子能以顛動的次數來做答覆的，如問某女幾歲，便顛動幾下對答，沒有差錯。到遊戲終了便唱歌請神退去，籃子的搖動也停止了。其他還有「卜紫姑」，請「壁角姑娘」一類的方法，大致是相類的。

關亡問米

這是巫覡職業的一種法術。如果對於死亡了的人，想著和他問訊，用來慰藉思慕的，便可請求關亡者把所想要問訊的死者的亡魂引來，和自己對話。關亡者在施術的時候，自己陷入一種昏睡的狀態中，便能開言作亡人的口吻，和生人對答，這個時候，問米的人真以為是與亡人對面晤談一樣，所以多能惹起心中的哀傷，甚至放聲痛哭的。問畢，亡魂退去，術者便醒覺，恢復常態。

其他還有「圓光」、「扶乩」等方法，大概許多看過的人，對於他們的現象，多是莫名其妙的。其實也不過是一種利用心靈的常事，多包含在催眠術學理的範圍裏。

以上所舉列的，只是顯著的、流行已久的幾樁事件罷了；還有其他各處地方的各種不同的奇妙的事件在民間流行著的。這類事件向來只流行在一般下級民眾中，知識階級從未曾下過工夫去研究，因此，其中奧妙的原理便無從追求出來，去對民眾解釋。那麼，民眾的觀感，自然會對於這般運用精神的催眠術現象，看作神鬼降臨偏於迷信方面的事蹟了。

這種可笑而可憐的情形，並不能責怪無知的民眾，卻須歸咎於知識階級的人，無指導的力量去開發民眾的疑團。其中有更可笑的的事情，便是那些知識階級裏，竟有些份子非但不能依據學理去開導民眾，反而因為自己不瞭解這種學理，竟也被惑於這種精神作用的現象中，真信以為真是鬼神的主使的；便為排除迷信起見，竟勸人勿要研究。這種人的眼光未免太窄了，知識未免太欠修養了。他何曾更聞莊子所謂道、螻蟻、屎溺，無所不在的呢？

中國提倡催眠術最先的機關

歷來中國催眠術的流傳，實在是並沒有歷史可究的。至於問到為什麼中國今日催眠術的聲浪竟能到處播傳，研究的人竟如雨後春筍般的增加呢？這可以說全是中國心靈研究會提倡之功。換句話說，中國之有研究催眠術機關而以努力求催眠術目的的，實是中國心靈研究會一個始端。所以，要追求中國今日催眠術的歷史，中國心靈研究會一切過去的歷史便可充當最翔實的資料了。

中國心靈俱樂部的組織

中華民國紀元前二年，著者與同鄉劉鈺墀（中山縣）、鄭鶴眠（成都）、唐新雨（開封）、居中州（北平）諸友，正居留日本橫濱，共同創立了中國心靈俱樂部，為的是專門研究心靈學和催眠術。這可以算是中國人研究催眠術的最初的組織了，也就是中國心靈研究會的前身了。

東京留日中國心靈研究會

留日中國心靈研究會移回祖國

在這中國心靈俱樂部成立的時候，我們可以稱為中國人有組織的研究催眠術的初期是無疑的。

民國元年，中國心靈俱樂部從橫濱遷到東京，經改組後便改稱為東京留日中國心靈研究會（Chinese Hypnotism School），從這時候起，催眠術便開始向中國輸入了；或可以說，這便是中國內地學者研究催眠術的起源了。

民國三年，留日中國心靈研究會擴大組織，設立「心靈學院」，從此內容益臻完善。

民國七年，東京留日中國心靈研究會分設「中國心靈研究會事務所」到上海來。民國十年結束東京會務，完全由東京移回祖國辦事，在上海設立會所，改稱為中國心靈研究會（Chinese Institute of Mentalism）。

中國心靈研究會遞至現在（民國二十二年），有極豐富的收集與闡發。出版物已達三千餘種；其中定期刊三種，書籍六十餘種，教授講義七種，多是心得與經驗寫成的創作；關於各國名著也搜集無遺；書籍講義之由著者屬筆的約四十餘種。此時以中國心靈研究會的出版物而與任何國的同性質的學會比較，實過之無不及了。

心靈學院獨立發展

民國二十二年三月，「中國心靈研究會設立心靈學院」，因年來學員日眾，事務日繁，經會議表決，使令分離統屬得以獨立發展，從此「中國心靈研究會設立心靈學院」改稱為「心靈學院」。同時由中國心靈研究會劃出一部分經費資助為基本經費，以盡始終扶植任務。

創立心靈科學書局

同年五月，中國心靈研究會諸同志，創立「心靈科學書局」於上海，專門編輯出版心靈科學業書，而中國心靈研究會亦將一部分銷流最盛之出版物移交該書局發行，以資提倡。

繼中國心靈研究會之後的新組織

在中國心靈研究會興起之後，竟喚起了許多同性質的組織，如在上海，有催眠協會、變態心理學會、精神、大精神、神州、神秘、靈理、靈子術會、哲學會、催眠養成所等，廣州、香港、北平等處亦有數家，其中真能認定目的，把學術的心得來貢獻社會的不能說是沒有，只是大多數卻靠著幾頁半譯不全，學理互相抵觸，充滿「個人文學」無從索解的講義，和不負責任賣書式的教授，目的只知圖利，不顧到學術失去信仰，發生進行上的妨礙。

這樣看來，中國的催眠學界裏，生存著這一班腐化分子，中國催眠學術的前途，豈不是要陷入悲觀的境地麼?但是，自然的淘汰率卻嚴厲地實行著「適者生存」的公例，那些內容腐敗的組織經不起社會的指摘，便都已先後停辦關門了，那些尚在苟延殘喘的，看來實在可憐。

本卷所講授的，是專就催眠術過去的歷史而言，要使同學們先知道催眠術的來歷與近況。若關於催眠術的理論、方法和治療等學識的，請再向以下兩卷講義細心去研究。

心靈學院函授部用書

催眠術函授講義

（催眠術本論）

第二卷

余萍客 著

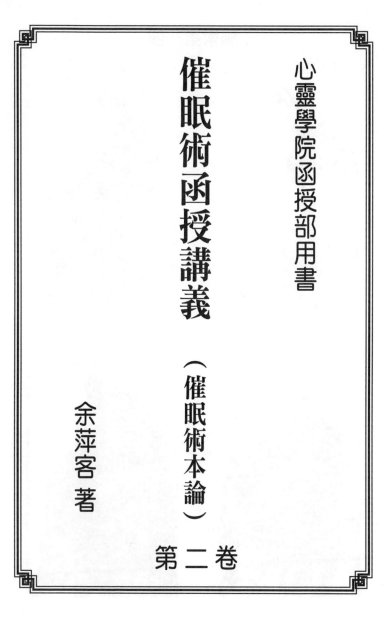

施術第一部

一、施催眠術

二、施撫下法

三、筋肉固定

四、痛哭流涕

施術第一部

七、天空飛機

五、回憶前事

八、恐怖萬狀

六、隨唱隨舞

施術第一部

九、大驚失色

十、挾花架舞

十一、狂吻情人

十二、施醒覺法

施術第二部

一、二人受術

二、心動感通

三、暗示活動

四、撫法接觸

施術第二部

七、彼此失和

五、面前幻境

八、雖醒不起

六、滑稽奏樂

名學者之實驗

開始施術情形

開始施術情形

受術後之成橋

受術後之刺針

第一章 定義

在第一卷催眠術史裏，我們所得到的催眠術的知識只是催眠術的一部分，它只能使我們瞭解催眠術的來源，只能糾正我們對催眠術的錯誤觀念，只能使我們知道催眠術的產生不是縹緲虛無，不是毫無根據的，而是處處有著科學的憑藉做它產生的背景。這可以說：催眠術史所給與我們的只是一個非常簡括的模型，至於催眠術的真義究竟是什麼樣的呢？在歷史裏是找不到答案的，所以現在另外提出討論。

什麼叫催眠術？

這絕不是依照字面直解催眠術即是催人睡眠的法術；倘若以為催眠術即是催人睡眠的法術的，那便完全誤解了，半點得不到催眠術的真義。

昔日普烈特的錯誤

昔日普列特錯誤了，以為催眠是類同於睡眠的，所以才會定下了這個「催眠術」的名稱；其實，用這「催眠術」三字是絕不能包容得下來的，不過只因這個名號已經流傳了這樣長久的歷史，現今也不曾找出一個更適當的名號來替代，便只能從俗罷了。所以，我望同學們，千萬不可竟把「催人入睡眠」的簡單意義來研究催眠術。

催眠術簡單的定義

催眠術既然與睡眠不同，自然別有真義存在，現在用簡單的定義，釋明如下。

催眠術是由會通催眠術的施術者運用適於催眠的暗示及手段誘喚受術者的精神，呈現一種特殊的狀態。這時受術者沉靜了普通狀態時種種亂雜的觀念，而成無念無想的心境，除了施術者一人外，不和第三者生關係；施術者發出種種暗示（為合理的而非無理的；為善意的而非極端惡意的），施投於受術者，他毫不躊躇忠實地而出現種種催眠現象。施術者所給予受術者的暗示不獨能一時影響於受術者的精神和身體，待受術者醒後，或醒後若干時日，也還得暗示勢力的存在。能使人一時喚呈這種精神的特殊狀態的即是催眠術。

催眠術不能單就表面的現象而論

倘要知道催眠術是什麼東西，應該從催眠術的真義上去考察，不能單就它的表面的現象類似睡眠便說催眠術是催人入睡眠的法術；又不能說：受術者陷入催眠狀態是和陷入睡眠狀態一樣。

催眠與睡眠既然不是同樣性質的東西，那麼，兩相分別的地方，應該把它說明。但在未說明之前，有幾個常用的催眠術的術語，先要介紹給同學們知道。這些都是在各章講義裏處處見到的。

常用的催眠術的術語

催眠（陷於如上定義所說的催眠狀態）

催眠法（使實現催眠現象的一種施術法）

催眠術（出現催眠狀態的學術）

施術者（能應用催眠術陷人入於催眠狀態的人）

術者（同上）

被術者（被人催眠陷入催眠狀態的人亦簡稱被術）

受術者（同上）

暗示（施術者所給予被術者的語言和示意等）

第二章　催眠與睡眠的異同

歷來許多催眠術學者，對於這催眠與睡眠的異同的問題很費過一番唇舌，所以議論是非常煩雜的。現在把這煩雜的議論總括起來，分成三種，再把這三種區分加以批評，這是對於研究上，總有多少幫助。

甲、催眠與睡眠同一說

催眠與睡眠同一說

這一說是弗列路氏與摩路氏所主張的。弗列路氏依據睡眠狀態中夢的三個性質在催眠狀態中也同樣有發現的這一點理由，便有催眠與睡眠同一說的論調。所謂有夢的三個性質即是：

夢的三個性質

（一）夢中發現的觀念，帶多少幻覺性質。

（二）夢中的幻覺，比於實際上知覺雖不精確，然帶有一種強有力

弗列路氏的根據是著者的批評

的情調，神經中樞上也受強有力的影響。

（三）夢的幻覺，欠缺如醒覺時所行的思考作用。換句話說：在夢中的腦髓思考力，比較上是絕對的制止的。

弗列路氏只根據這三個夢的性質，以類同催眠中意識的性質，便歸到催眠和睡眠同一的結論，所見未免粗漏了。他不曾知道一個人陷入有夢的睡眠時，已經不是純粹的睡眠了。純粹的睡眠是完全熟睡的，熟睡時沒有起幻覺，也不會有夢的。而且夢的幻覺是自發的，不受人使令而生的；換句話說：即是不受旁人的暗示誘發起來的；這點地方，便與催眠被術者的幻覺專依術者暗示引動而起的大有分別了。

還有一點地方是值得注意的：催眠狀態中雖有幻覺發生，但心神是安靜的；至於睡眠狀態心神一歸安靜，便進入熟睡，必無幻覺，在睡眠狀態中而有幻覺的，心神便不能安靜了。這也是一個差別的地方，不能說催眠與睡眠是同一的。

此外，摩路氏另外根據下列的條件而主張催眠與睡眠同一說：

摩路氏所根據的六個條件

（一）夢的幻覺和催眠的幻覺，都是因外來的刺激而生，起源是相同的。由外來刺激而生的夢：例如滴水於睡眠者面上，他便夢見下雨；把衣裾擱在睡眠者手中使握著，他便夢見得著金錢。這種幻覺，在催眠中也有發現。

（二）夢和催眠中的幻覺相同。催眠中被術者會發生一種人格變換，在幻覺中也能辦到。

（三）催眠中的意識有理論的聯絡，在夢中卻沒有，這一點似乎可以作為兩個狀態分別的標識了；但是，一個人在夢中論理的思考並不是完全沒有，只是催眠中論理的思想容易被暗示所引起罷了。

（四）催眠中的被術者，對於他人能作回答，又可施行種種行動，和醒覺的人並無分別，而在睡眠中的人卻不能做到；從這一些地方看去，也似乎是兩狀態分別的標識，但也不能算是有著充分的理由。因為在睡眠中的人，未嘗不會應答他人的問話和稱為睡遊的夢中行動等事。

（五）暗示催眠後的影響，並不只限於催眠現象中才發生，即在夢裏也見有這種現象。

（六）由生理狀態方面看來，在睡眠中的脈搏呼吸和其他生理作用的進行，是緩長而規則的；在深催眠中的人便不能有這種現象，只這一點才是催眠與睡眠在生理的條件上有了差別。

著者對於摩路氏的批評

因為摩路氏和弗列路氏的意見相同，所以也陷於同一的錯誤，拿來做睡眠與催眠同一說的依據，是不妥當的。弗列路氏的理論已不能成立，摩路氏的理論前後自相矛盾，也難有成立的可能，他說在心理方面，則兩者相同；在生理方面，則兩者卻有分別。無論如何，他是不能自圓其說的，這可不辯而知了。

乙、催眠與睡眠別異說

催眠與睡眠別異說

學者根據的理論

主張催眠與睡眠別異說的諸學者，他們所根據以為立論的理由是：

（一）睡眠狀態是徐徐而生的，催眠狀態卻是突然而起的。

（二）受催眠者在受術之前，他的注意力凝集在一個「眠」的觀念

福來博士說的

上；睡眠者卻不論對於任何事物，都不加以注意。

（三）睡眠中的夢想者，對於時間空間的判斷有錯誤，和對於外界的刺激無感覺；但被催眠者卻呈露相反的現象。

福來博士曾經說過：

催眠狀態是沒有怎樣一定特殊自發的活動的無念無想的精神狀態；而睡眠的精神，也是一樣，從這一點看來，催眠狀態和睡眠狀態似乎是一致的，但其中卻具有極大的差別：一個是具有活動能力，只因不曾得到誘發活動的暗示，故未能發生活動；另一個是雖然得到暗示，但是沒有活動能力，所以也不能有自發的活動。

或再換句話來解釋：催眠是具有充分活動的能力，不過是要等待暗示來誘發，而活動才顯現的一種狀態。睡眠，即便具備活動力，但不是等待外面的暗示來誘發活動的，雖然它是遇有外面暗示，也不能隨暗示而興起活動的一種無能無力的狀態。

可拿冰和水來做一個比喻：靜水不揚波，冰也是不會揚波的；但水

福來博士說的意思

不揚波和冰不揚波的理由卻不相同。然而，水之不揚波，是因沒有誘發波浪興起的風，倘使大風一來，波浪就湧起了；至於冰之不揚波，其理由是在冰的本身根本沒有揚波的作用，並非沒有風的緣故，即使吹起巨大的風，冰也不會成波。催眠譬如靜水，睡眠是冰，前者是在「能為而不為」的狀態，後者是在「不能為故不為」的狀態。催眠和睡眠不同的地方，從這一點就可以看出來了。

福來博士的意思是：在催眠狀態中的人，是藏有活動力的，一旦得到了施術者的暗示，他的活動力便會依照暗示而發生（如術者暗示被術者把手提起，被術者立即就聽從這暗示把手提起）。猶如水被風吹，波浪即能發起的一樣。

在睡眠狀態中的人，雖然也會有活動力，但他的活動卻不會被旁人的暗示誘發起來的（如對睡眠的人說把手提起來，他是不會聽從的）。猶如冰雖被風吹，也不會發生波動的一樣。

根據這一個理論，福來博士對於催眠精神和睡眠精神，便下了一個

福來博士所下催眠精神和睡眠精神的定義

定義；他說：

催眠＝是一種要感應外來的暗示才起活動的，無自發活動力的精神狀態。

睡眠＝不獨無自發的活動力，並且對於外來的暗示也不能感應的一種無能無力的精神狀態。

福來博士認定催眠的精神狀態和睡眠的精神狀態是有區分的，至於區分的地方，他以為最重要的是在：能接受暗示和不能接受暗示。在催眠狀態的便能接受暗示，而在睡眠狀態的便不能接受暗示，這一個見解不能不說是妥當的；但是有一點地方我們也須知道：福來博士說在催眠狀態中的人能感應暗示，這固然是不錯；但說在睡眠狀態中的人，絕不能感應暗示，這一句說話卻未必全對的。

運用催眠術不是常常可以使一個睡眠的人轉入催眠狀態中的嗎？從這一點看來，可以知道在睡眠狀態中的人，也能感應身旁施術者所施予的誘導的暗示而轉入催眠狀態。

小野福平氏說過

又據小野福平氏說過：他有一個朋友，對於酒是有著異常的嗜性的，飲醉了便任性暴動，他的妻子屢屢去勸誡他，但並不見有效果；他的妻子知道這樣去勸誡是不發生效力的，以後便在她的丈夫酒醉睡眠的時候，站在他的身旁說：「酒是有毒的，能夠短縮你的生命，並且會使你破產，還要累及妻子陷入悲境裏，……」對著酒醉了睡眠著的人反覆講著這幾句話，起初並不見有什麼效果，繼續行到一個月後，她的丈夫忽然起了覺悟，自動地把酒戒掉了。

——這一樁事情，便是說明睡眠者也能感受暗示的例子了。所以，在睡眠狀態中的人，並不是全不能感應暗示的，只可說：睡眠的人對於暗示的接受，並不靈敏罷了。

催眠為睡眠的一部分說

丙 催眠為睡眠的一部分說

這催眠為睡眠的一部分說的一派學者，是依據了下列各項為立論的根據：

學者所持的根據

（一）催眠和睡眠都是由於腦貧血所生的結果。

（二）睡眠中的人，會隨著他夢幻而發出行動，這是睡眠已混入一部分的醒覺了。

（三）睡眠中因腦髓皮質活動消滅的緣故，因而觀念聯喚作用和意志作用也停止了；所以在睡眠狀態中的人，是沒有觀念聯喚作用意志作用的。

催眠狀態中的人所呈現的現象，也具備上述的若干特質的，所以可說催眠是屬於睡眠的一部分。

著者的批評

這一派的理論最是脆弱。他們說睡眠的原因是在乎腦貧血，卻不曾細察到催眠的原因，不是專賴乎腦貧血的。

在睡眠狀態中的人，有時會隨著幻覺而發生動作，在這時候的睡眠，可以說是混入多少醒覺的；但是在催眠狀態中的人，發生幻覺和動作的時候，卻不帶醒覺的，反而，若在催眠狀態中而帶醒覺的，則催眠中種種的暗示，將不發生作用。

至於這一派所根據以立論的第三點所謂睡眠催眠兩種狀態中的人，觀念聯喚作用和意志作用都會停頓，這也見得他們理論的粗疏，對於催眠方面實在缺少精密的研究。

在睡眠狀態中的人，觀念聯喚作用和意志作用是會頓息的，但在催眠狀態中的人，他的觀念和意志並不全歸停息，其中聯想和意識作用還是存留的；譬如術者對被術者在催眠中施與持刀殺人的暗示，這時被術者的觀念會聯念到「殺人有罪」那方面去，他就未必會依照暗示做去。大概有害被術者的不良暗示，在催眠術上講來，是不能生效的。這是一種極有力的反駁，可證明他們的第三點的理論是不能成立的了。

以上所舉的三點睡眠的性質，原不能拿來擱在催眠術的身上，硬說催眠術是歸入睡眠的一部分。

睡眠的起因是由於精神身體受了疲勞，體內發生一種化學的產物（乳酸）而起到刺激。到了刺激深入的時候，人體再不能堪耐，便歸睡眠了。在入了睡眠之後，身體若是沒有外界的刺激，便不會在短促時間

催眠狀態不是因生理上起變化

內醒覺（閉目未久，又加醒覺的人不算是陷入睡眠）。

把睡眠的起因和催眠的狀態拿來比較，更見得兩者相異的地方了：陷入催眠狀態中的人，並不是因為身體生理上起什麼變化的；催眠不論久暫，只要一感應暗示即能醒覺。

從這兩起看來，足使這一派所持的理論不能成立的。所以，這一派的理論是未免太脆弱了。

第三章　催眠和睡眠相異之點與著者的主見

兩種外貌類似的事物，倘不細心加以辨別，總以為是同一性質的東西。歷來，催眠狀態和睡眠狀態因為外貌的相似，於是異同之說，在學者間便起極大的紛訟了。

有一部分的人，是主張催眠狀態和睡眠狀態相同的，如弗列路氏等，雖然他們自有他們的見地，但他們的見地有許多地方是不攻自破的，上章我們已有述論過了。

現在設使更有一個問題在這裏：「催眠和睡眠如果完全同性質，那麼，直用睡眠術這一個名稱便可以了，何必又多此一舉另外標出一個『催眠術』的名稱來擾人觀聽呢？」這一個問題，恐怕那些主張催眠和睡眠同一說的人，未必能夠圓滿答覆罷。

催眠與睡眠兩者性質和效用截然不同

無論什麼事情，那一種學說，倘對於它的實質，它的內容，未曾去精密地觀察，詳細地分析，必定不能對它瞭解，而生出許多誤會來。其實催眠和睡眠兩者的性質和效用，是截然不同的，這只要下一番細心研究的功夫，便可了然的了。至於說到催眠的作用的奧妙，更不是睡眠可能追比得上的。催眠術之所以能躋入今日科學之林而惹起世人的注意之原因，也就是為了這一點。

筆者的主張

著者是主張催眠和睡眠相異說的：現在把催眠和睡眠兩者相異的地方拿來一個分析與比較，著者用積儲下來的經驗，演為學理，再循學理以為試驗，愈信自己的主見是有了極堅定根據的：

催眠和睡眠相異的分析比較

（一）原因
睡眠＝以生理作用為主，雖帶有多少精神作用，但屬於自為的。
催眠＝以精神作用為主，是施術者和被術者的精神關係互相作用，屬人為的。

（二）刺激
睡眠＝必要物質疲勞的刺激。
催眠＝不專賴物質疲勞的刺激。

（三）感應
睡眠＝不善感應暗示。
催眠＝善感應暗示。

（四）醒覺
睡眠＝喊叫，推動便醒。
催眠＝要經術者暗示方醒。

（五）功用
睡眠＝消除疲勞。
催眠＝不專在消除疲勞，並具有治療、感化、偵察涵養等功用。

物理法則的推測

（六）時間
- 睡眠＝有限定。
- 催眠＝無限定。

（七）筋肉
- 睡眠＝弛緩無力。
- 催眠＝有力，且能呈全身硬直。

（八）難易
- 睡眠＝各種動物一樣。
- 催眠＝人比其他動物易；又少年人比老年人易，女子比男子易。

經過了這樣比較與分析後，睡眠和催眠兩者再無相同的理由可舉出了。況且，依照物理的法則來推究，凡是性質相同的東西，功用必同，而所惹起的方法也該相同；若是功用不同，所惹起的方法也不同，那麼，無論如何講來，兩者必有差別的。

在上列的比較表裏，我們便可以很清楚地看到：不論是功用、方法、原因及種種都是不同的，雖說外觀是有點相類，但這些地方是絕不能成為兩者相同的一種理由。

第四章　催眠狀態的情形

催眠狀態的時候情形是怎麼樣

主觀方面觀察

一個人陷入了催眠狀態的時候，情形究竟是怎麼樣的呢？這一個問題，不容易輕下一個客觀的答案，因為人們感受催眠術性是各個不同樣的，若從客觀方面勉強定下一個模型來是不可能的。最好是由各個人的經驗上從主觀方面觀察出來，即是自己受他人的催眠而陷入催眠狀態中，那時身心所經過的情形是怎麼樣的，便根據了這種情形來下一答案，比較上是來得正確些。

不過人們陷入催眠狀態後，雖是情形各有各人心身不同之處，但一般的共通性質卻是有的。所以，我們要研究催眠狀態的情形，便可依據這一般的共通的性質去著手。

現在先從人的普通日常精神的狀態講起。

普通日常精神狀態

一個人，在日常腦子裏的觀念是絕無休息的，或者想著幹某種事情，或者計畫著去會見某一個人，其他四周環境的影響，精神常是不息的在千變萬化中。這種常動不靜的情形，在心理學上名叫精神自發的活動。

精神自發的活動

選擇批評和反對的作用

精神自發的活動，有選擇、批評、反對的能力。譬如精神一時對於一事情上正有所活動，那麼，對於外來的各種刺激會起一種選擇、批評和反對的作用，倘若那種刺激是適合於當時精神活動所向的目的，便把它接受了；若那種刺激是不適合當時精神活動所向的目的，便把它拒絕了。試看一個人正貫注他的精神趨向作算術方面活動，這時候叫他去踢球或幹別的事情，他是不受引誘的，一心還是注意在算學方面去，等到這件事情完畢了才去做別的工作。這種事例，就可以證明自發的精神活動是有選擇外來刺激的能力。

自發精神活動有選擇外來刺激的能力

精神自發活動的人，有時會跟著人家行動，模仿他人的作為。譬如聽見別人唱歌，不知不覺自己也跟著唱起歌來；看見人家跳舞，不知不覺自己也跟著跳起舞來。

自發精神活動有批評外來刺激的能力

不過，這種模仿只是暫時一瞬間的流露，待這一瞬間過去後，精神自發的活動便會生出批評：不該這樣兒戲輕狂，對於這種舉動心中頓時覺得有點羞恥，立時就停止那種模仿行為了。這種事例，就可以證明自發的精神活動是有批評外來刺激的能力了。

精神自發活動有反對外來刺激的能力

對著精神自發活動的人，拿著一張字紙說是銀行的鈔票，拿著一杯水說是酒，他必定不會信從而大加反對，並且還要辯明這是字紙，那是清水。這種事例，就可以證明自發的精神活動是有反對外來刺激的能力了。

一個人，他如果是具有選擇、批評、反對的能力的精神活動狀態的，催眠術上的暗示，便不能對他發生效力了；倘若對暗示能夠一時收容的，但不久便會被他的自發的精神活動聯起觀念對暗示起一種抵拒，絕不能收受暗示作用的益處。

所以，近代發明的精神治療，須得把受術人的精神的自發活動完全停止，才能夠施術，才能夠使受術者獲得益處。

特別的精神狀態

現在，要把一個醒覺的人，令他的精神完全停息了自發的活動，不要使他有何等的知覺與考慮，成為一個無念無想的安靜狀態，對於外來的刺激或暗示，無論如何都沒有批評、反對的精神能力，只能完全容納這刺激和暗示在精神裏；猶如明鏡鑒物，絲毫沒有反抗，依照暗示進行，至完全有效的地步，比較普通人的醒覺或普通的睡眠，全異其趣而成為另一個特別的精神狀態。具有這種力量的，便是催眠術了。

催眠術的力量

催眠術的力量，能夠使一個醒覺的人，陷入上述的特異的精神狀態裏；這種特異的精神狀態，也可說是催眠狀態的性質。

上述的催眠狀態的性質，即是一種自發的精神活動休止了，安靜地能容納暗示的性質，凡具有這種性質的，都能感應暗示而獲得催眠的效果。

關於催眠狀態的情形，上面已經說過，除了自己主觀的經驗上去憶想外，再沒有更好的方法了。但是，同學們現在讀習催眠術講義到這裏，還沒有施術或受術的機會，所以不能依據自己的主觀或探詢受術者的主觀去確定催眠狀態的情形。

普通的催眠狀態的模型

那麼，催眠狀態的情形是什麼樣的呢？這裏姑且舉出幾個最普遍的情形來做催眠狀態的模型，以備同學們將來實施的參考：

第一個被術者的說話

在催眠狀態中，觀念也沉靜了，什麼事情都不知道，竟連自己身體所處的地方也不清楚。一聽到一種命令的說話，好像是天外飛來的，自己很願意接受，而且不由自主地去遵守履行。

至於履行時會發生什麼影響，這種細心的顧慮是沒有的。聽到腳不能動的命令，腳就真不會動了；聽到把手提高的命令，手就真的不能不提高了。

未聽到命令時，心很安樂，想要睡去，等到聽得了要醒覺的命令，便不能不依從把眼睛睜開，一時也就醒覺起來了。

第二個被術者的說話

第三個被術者的說話

第二個被術者的說話

在催眠狀態中，心裏雜亂的思想忽然被壓止住似的，毫無思慮，毫無意識，很覺安然無事；但並不是陷入一種昏迷無知的境地裏，心裏還是極其清明。

聽到人說有隻飛鳥飛下來。便感覺一隻飛鳥在面前。聽說給我的那一杯是糖茶，飲下去確也感著甜味，很願多飲一些。其後聽到安心深睡的話，身體便好像是飄浮空中，全身不知寄託在哪裡了，感覺著平時不易感覺得到的心境，是不能以語言形容的。

第三個被術者的說話

起初覺得精神安適，很靜息舒服，逐漸更覺沉靜下去，一切想念、憂慮、意見都消滅去了，所存在的只是一個全無意識萬事皆空的心境。

忽然聽說這裏是西湖的話，西湖的景物便完全開展在眼前，合閉了眼睛也能夠看到，我是熟悉西湖的地方的，當時的心境便好像住在西湖邊。彷彿平日做夢的模樣，停在一個極安靜無我的境地，很不願有外來的刺激，所以外面的語言都聽不著，聽著也不願意招採它，還是繼續沉靜下去，到了完全沉睡便愈覺安適。

聽了以上被術者主觀的說話，便可以知道催眠狀態的情形是什麼樣的了。不過人與人的催眠感受性各有不同，所呈現的催眠狀態也有分別，所以催眠狀態主觀的體驗也不是人人千篇一律的說話。

上面所舉出的不過是拿來表示一斑罷了，其他的體驗，同學們還應各自去研究。

第五章　催眠感受性強弱的分別

催眠狀態之所以沒有一定的模型之原因，是為了被術者的催眠感受性有強弱分別的緣故。一個人的催眠感受性強弱，又另有其他各關係的事相聯絡的。

現在把對於催眠感受性強弱有影響關係的心理、生理和外界刺激等事項，分別講述之如下：

第一　信　仰

被術者倘若抱有信仰催眠的心理，便能增強感受性，信仰心愈大，感受性愈強；反之，感受性便是弱了。

第二　意　志

意志強的人催眠感受性也強；意志弱的人，催眠感受性也弱；兩者的關係，成一個正比例。

被術者意志上堅抱一個不能不入眠的觀念，以入於無念無想的狀態，這是最易於導入催眠的；反之，意志薄弱的人，對於上說觀念，卻不容易堅持，那麼，就難於入眠了。

注意

順從

安心

預期作用

第三　注意

凡事不甚注意，而十分懶散冷淡的人，他的催眠感受性必定薄弱。

第四　順從

對人有順從的心理，無強蠻反抗的脾氣，他的催眠感受性便強，否則薄弱。

第五　安心

對於催眠術能夠安心受術，不起恐怕觀念的人，催眠感受性必強；反之，心存憂慮，疑惑不安的人，催眠感受性便薄弱了。

第六　預期作用

在預期心理，自分必能受術的人，催眠感受性便強；因為預期作用是催眠術成功的要件。被術的人，固應具備，即施術者也要有成功預期，這樣，施術和受術兩方面，都覺完滿了。

第七　性癖

眼有凶光，或口唇顫動，頭頸常常動搖，這樣人催眠感受性不大。沒有上的毛病，深具情感，有如「對花愛花」「望月興懷」的人和愛好藝術，及篤信神佛的人施術最易。

第八　身體強弱

身體健全，精神充實的人，催眠感受性強；反之，身心多病的人，催眠感受性薄弱。

第九　性質

膽液質的人，感受性強，其次便是黏液質，再其次便是多血質。感受性最薄弱的是屬神經質的人（下一章再伸論）。

第十 年齡

年老的人，催眠感受性弱，少年的人，從七歲以上至二十歲以下的身體健全的，感受性強。至於尚未曉人言語的小孩，感受性不顯著。

第十一 性別

女性比較男性，感受性優良。但非絕對的，有些男性反較女性感受性強。

第十二 地位

過慣有規則的生活，依命令而動作的人，感受性強。如依上官指揮兵士，教師訓導學生，似有這般地位的被術者，是最易受催眠的。

第十三　權威

受上輩施術的被術者感受性強大，這就是權威不敵的問題。但是熟練的施術者，反向上輩施術也收同等的效果，並不是僅對下輩施術才覺容易。

第十四　氣候

酷暑或嚴寒的天時，均能影響被術者的感受性。氣候以常在攝氏表六十度至八十度為最適宜。

第十五　飲食

空腹、過飽或飲酒，愛用激刺性食物，或經憤怒悲傷之後，也能影響到被術者的感受性不良。

第十六　環　境

環境良好，有樂觀的人，催眠感受性強；反之，感受性便薄弱。

第六章　性質的區別

上章曾經用過：膽液質、黏液質、多血質、神經質這四個名詞。這種名詞，是古希臘學者將人們分別開各有其氣質：

有的是熱性的人，為膽液質，因他富有膽液；有的是冷性的人，為黏液質，因他富於黏膜液；有的是浮性的人，為多血質，因他易感易亂，浮動不定；有的是憂鬱性的人，為神經質，因他不易感動和固執，一總別為這四個。

為求明瞭起見，現在再詳細地把它的含義加以說明：

膽液質

黏液質

第一　膽液質

（甲）形態　筋肉強健，容貌伶俐，姿勢端正，高視闊步，膽量過人；感覺、智力、意志都很敏銳。言語、行動都很有規則，勇於決斷，當以名譽為重，思想高出人上，忍耐力也大。具有上述一切特質的是屬於膽液質。

（乙）注意　具有這種氣質的人，容易注意於凝視。倘若這種人施術，術者勿懾於權勢、英威，當以自己的強固的心理，誠實的厚性，對他施術。

第二　黏液質

（甲）形態　體質肥壯，脂肪豐富，膂力薄弱，畏縮不武，眼光呆鈍，動作不活潑，記憶不足，不易怒，不易笑，感情冷淡，語言行動都很溫和柔順，無果敢決斷能力，對於一切事情，抱著得過且過的心理，虛飾的觀念較少，不易為物所感動，或稍有感動忽又如常。具有上述一切特質的人，便是屬於黏液質了。

（乙）**注意**　這種氣質的人，隨時可以對他施術以作實地試驗。施術時如有下述多血質的設備更好。

第三　多血質

（甲）**形態**　顏頰鮮紅，瞳眸清明，言語敏捷，動作活潑，心與精神感覺甚易，小事輒怒，又容易轉為喜悅，少忍耐心，意志不甚強，長於記憶思想，而短於實地思考，與廣眾談話時，好說滑稽，有美術趣味，深於同情，淺於慾望，性浮不定，最易感動，又最易放棄。具有上述一切特質的人，是屬多血質。

（乙）**注意**　對這種人施術，須選擇極靜的地方，或沒有音響到達的房間，從事安靜其精神，然後再行施術。

第四 神經質

（甲）形態 體質衰弱，身長形瘦，筋肉不發達，眼光凶銳，皮膚多帶蒼白色，神經過敏，常抱杞憂，每沉思熟慮，但少果斷力，不論對於何事，自己不容易決定，即使決定，無人幫助也不能實行，且多疑忌心，故對人不能信任，但一經信任便篤信到底。具有上述一切特質的人，是屬於神經質的。

（乙）注意 對這種人施術要十分和藹懇切，先說明了催眠是有益無害的，滅去被術者不安的念頭，使他深信施術者的技能和催眠術確是有利於人，然後施術。

以上所述之四種性質，不是一個人各具一種的，其中也有兼帶的。在施術之前，須細心觀察，選擇那些具有多種良好性質的人，對他施行試驗，才容易收穫效果。

本章講述之外，尚有對於被術者催眠感受性強弱的精神測驗法，及附圖，很詳細地在十八章寫出，兼相參證，便更得實用了。

初習催眠術的人，應該選擇那些催眠感受性強大的人充試驗，想知道怎樣去選擇，便須留意本章所述的感受性強弱的分別，這樣做去，試驗起來，才容易成功，更可興起研究的樂趣，那麼，以後繼續進步便更容易了。等到施術的功夫熟練了的時候，對那些感受性良好的人固然容易施術，即使對那些感受性低弱的人，也可以收穫成功。這時候施行催眠術，就不必拘泥本章所舉的各項條例，對於任何人都可施行試驗了。

學習催眠術的人，對於催眠感受性強弱，已能分別出來，是不是他已經完備了施術者的資格呢？不，想完備施術者的資格，還要注意下章。

第七章　催眠施術者的資格

要知道催眠術既然成為一種高深的科學，便不是一朝一夕踏進成功的路上去。大凡有志學習催眠術的人他總想早日畢業，早日能替病人治療，早日認識這奇妙的現象，這是人之常情。但俗語有說：「萬丈高樓從地起」，欲收最後的成功，對於基本的修養是絕不容忽視的。這所謂基本的修養，便是指催眠施術者本身的資格。

在未學習催眠術以前，同學們的資格，我們不必在意，現在既成了在本會共同研究學術的同志，那麼，不論誰，正在研究中的，或已學成畢業的，本人資格的問題，最應講求。

因催眠術是不許無品行、資格的人學習的，催眠術也不是那些無品行資格的人可以容易成功的。

倘若催眠術被那些無品行資格的人拿起來濫施濫用，便會生出許多危害人群的事情，低減了催眠的價值了。所以催眠學界的人，視個人的品行資格為他的第二生命。

催眠施術者的資格，總括起來，可列成四項：

道德

端品

自信

第一 道德

施術者隨時要存有道德心，在施術的時候，尤其不可欠缺。對被術者要存有鄭重尊敬的心理，不可存有輕慢欺弄的念頭。治療病人更應該細心入微，濟世為懷，不好疏忽。不能將催眠術當作貨物般居奇圖利，否則便受社會的攻擊了。

第二 端品

品行操守，若是素來端正的，那麼，學成催眠術後，應再加修勉；倘品行有虧，須立即改善，這樣在學習上是有正比例的進步。

第三 自信

學習催眠術的人，在他初始習練施術時，那個被術者若果是初相逢的人，或者是一個長輩，他便常常會對於他自己的學力起了懷疑：「能陷此人入催眠狀態麼?不會失敗麼?」這種不信任自己的念頭，是施術時的最障礙物。俗語說：「疑心生暗鬼。」又說是：「物腐蟲生。」自己不信任自己，反要別人信任自己，是沒有道理的。

依我們的經驗看來，凡不信任自己的學力的施術者，實在是自己走進失敗路上去。所以，同學們當實行施術試驗的時候，須確信自己的學力必能陷被術者入於催眠狀態，並可治療他的病患，這一點自信心，是施術時的第一要件。至於講到怎樣才能獲得這種自信力呢?

第一，自然須得努力於學術上的研究，使自己的學術確有把握；第二，便須在平日修養精神人格，達到所謂富貴不能淫，威武不能屈的地步(又可用自己催眠法自堅其自信心)。

第四　他人信仰

除了自己具有自信力之外，還須令被術者對自己發生信仰，這也是一樁不能忽視的事情。這裏所謂信仰，可分兩項說明：

精神的信仰

（甲）精神的信仰

術者平日行為高尚，氣象尊嚴，儀表出眾，舉止大方，學問優長，經驗豐富，素來受人稱許的、崇拜的，那麼，被術者定然安心信託，到施術時一定成功，不至失敗。

救世的釋迦、創世的基督和其他宗教主，在記載上時有他們的催眠的奇跡發現，其實這種奇跡的成因，一大部分是他們的人格精神受人信仰所至，才發生出無限的效果。

態度的信仰

（乙）態度的信仰

這態度的信仰，又可支分做兩點來解說：

言語的態度

子　言語的態度。施術者須因人說法，對於那些無學的被術者講話，便要用通淺的俗語，免至被術者因隔膜而起疑惑；對有學識的被術者說話，要注意修辭，文雅無俗氣，不可令人發生輕視。至於談話時的態度，更要溫文有禮而不覺卑屈，沉雄慷慨而不失驕矜才對。

服裝的態度

丑　服裝的態度。「東施效顰」、「醜婦學肖」不獨惹人恥笑，且

敗禾腐草

丈六金身

尊嚴人格，也會因此而減色。所以施術者的服裝與飾物也是一件值得注意的事情。俗語有說：「先敬羅衣後敬人」，雖說這是俗人的陋習，但衣服對於一個人的身份人格也多少有連帶關係的。術者為人施術時，所穿的衣服，最好是特製術衣，或穿長禮服，或者是長衫馬褂，或公裝。端容整裝，嚴肅中蘊含和藹，務要這樣的。

把路旁的敗禾腐草拾起來遞給病人說：「這根禾草能夠治好你的病患，你要把它珍藏起來。」這種說話，雖然說給孩子聽了也會發笑而不起信仰。

倘若領導一個人走進一所莊嚴的佛剎看見了燦爛光芒的丈六金身，自然便會肅然虔敬，在不知不覺間他自己會倒身下拜了。

催眠施術時，也很借重這種道理，第一步功夫必須先使被術者對施術者發生信仰，等到信仰一生，趁著這一個機會，便可獲得事半功倍的效果了。所以，學習催眠術者的人，在未曾施術之前，就應該省察自己本身，是否具備上述的資格。倘若發覺有所欠缺時，便應該向所欠缺的地方努力加以修養。

第八章　催眠的原理

歷來，關於催眠的原理，各派學者各以自己的意見論斷發揮，其中互相契合的也有，極端相背的也有，綜之，不論其為正為反，凡一種學理之所以能夠成立，自有其成立的價值存在，而值得我們加以注意的。現在把各種催眠原理中比較知名的介紹出來。

一、神靈依憑說

神靈依憑說是最古調的學說。其大意是：被術者之陷入催眠狀態，是神靈依憑其身，呈「人」與「神」交通的現象。被術者能得身心之愉快，感覺超越的功效，有病時兼能治病，這種奇蹟，是神懿所賜，並非人力所能做到的。

這種學說含有多量的迷信的成分，是古代宗教家運用催眠術的主張，現在是沒有人去採用的了。

二、動物磁氣說

這是美士馬的主張。在美士馬的當代，還沒有催眠術的名稱，但就動物磁氣術的實質看來，確是催眠術的前身。動物磁氣說是解釋動物磁氣術的一種學理，所以也就是一種解釋催眠術的學理。這一種學說所主張的是：人體記憶體有一種磁氣流動體，若這種磁氣流動體一時缺乏，人身上便會發生疾病了；倘若這種磁氣回復盛旺，那麼，所患著的諸疾病便可以消除。

在治病的時候所以能現催眠狀態的，這便是由於術者傳給一種磁氣於被術者身上而興起作用的緣故。

這種學說在當時頗引起一般醫學界的注意，但經學者的調查後，否認磁氣的存在，這種學說從此便無立足。

現在我們研究催眠的原理，對於這一個缺少科學根據的學理，除了在歷史給與多少位置外，實不值得注意。

三、視神經疲勞說

普烈特宣導視神經疲勞說，用來作催眠術的基本原理。他說：催眠的現象，不必靠神秘的媒介來誘起，只憑生理的作用便可。被術者凝視一個有光輝的物體，使視神經疲勞，便陷入睡眠。

神經疲勞說，較有科學的根據，比動物磁氣說已有進步，但細加研究，也有許多錯誤的地方，因為催眠術的凝視法目的並不在於使被術者視神經疲勞這上面，不過是借凝視一個物體，易使被術者注意集中和精神統一，以便以感施術者的暗示，進入催眠的本意。

普烈特的錯誤，是根本在未把催眠和睡眠分開。我們試以別種的方法而不用凝視法來施術，也能獲得到同樣的效果，這便證明催眠術的原理並不在視神經疲勞說裏，是顯而易見的。

四、歇斯底里病說

這一種學說是法國撒路皮托路耶路學派所主張的，很得當時醫學界的擁護，他們的理論是：催眠的現象與歇斯底里 Hysteria 發作時的病態相似，於是認定催眠狀態也不過是一種人為喚起的歇斯底里的病發作的狀態，所以帶有歇斯底里病素質受催眠較為容易。

這種見解的錯誤，誰也能夠看出，倘若說催眠原理是由於一種病態的發源，那麼，身心健全，毫無歇斯底里病質蘊存體內的人不能受術才是合理；但這在事實上便不盡然了，身心越健強沒有病質的人，越容易受術，而發現良好的催眠現象。

只從這一點看來，便可證明它的錯誤了。

他們這一種主張所根據的理由，只不過單就催眠現象和歇斯底里病發作的現象，外表上有點相類罷了，他們不會知道催眠現象和睡眠現象相似的地方更深於與歇斯底里病的現象，尚不能硬說催眠與睡眠同一原理，同於歇斯底里病發作的原理更不用說了。

大凡研究一種現象，如果僅注重它的外表而不去深究它的內容，是見不到真面目的，催眠原理而用歇斯底里病去解說，便是犯著這個毛病了（歇斯底里病狀和治療法，詳本講義第三卷）。

五、暗示說

這暗示說的原理，是法國南西派所提倡的，早已獲得多數學者的贊成。他們以為由施術者發出一種言語暗示去誘導被術者，使被術者的心理與這暗示相結合，而呈露一種現象。所以他們主張催眠的原理須向心理作用方面去推求，除心理作用以外，別無何等關係。

此一派是依據心理學來解釋催眠原理，比較以歇斯底里病的病理來解釋催眠原理，實在高明得多。至於問到暗示為什麼能夠發生效力？他們卻不能有深進一步的答覆，況且在施術時單用暗示法收效難見迅速，這也是一個疑題。

六、變態心理說

這一種學說的主張，是一個人在催眠狀態中，他的心理不是正常的，已是成為一種變態的，所以催眠作用的現象，不能引正常的心理來比較或推測。變態心理的人，有超越常人的能力，所以平時不能做到的事情，在催眠變態心理中是可以做到的。

變態心理，可分做病的變態心理和靈的變態心理兩種，催眠的變態心理是屬於靈的變態心理，這也就是催眠的原理。

近代變態心理已成為一種專門科學研究，很惹起人們注意，其中討論的要目便是關於超越能力的問題，所以催眠術也歸入討論範圍之內。

但研究變態心理，可儘管把催眠術歸入討論範圍之內，不過催眠術的固有原理，卻不能用變態心理來推求，況且也不是可從變態心理推求得出來。

講到變態心理的真義，也是一種艱深的學理，現在要人明瞭催眠學理已不容易，若再蒙上一層艱深的解釋，用變態心理去解釋催眠，豈不更費氣力？

七、潛在精神說

這種學說的大意是：人的精神分做潛在和顯在兩種，顯在精神便是平日普通活動的精神；潛在精神便是催眠時所活動的精神。

兩者比較，潛在精神比顯在精神尤有超越的能力，而顯著靈妙的作用。但在平日，潛在精神除了在夢中偶或一現外，常被顯在精神遮障，不能得有機會透露。

若用一種人為的力量，把顯在精神暫時靜止使無遮障，潛在精神才露現出來，收點超越能力的成績，這種力量便是催眠術。

所以可說：催眠術是提起潛在精神的一種方法，而潛在精神作用，也就是催眠的原理。此說含義甚深，一般學者現在正從事研究，結果如何，現在尚難下批評。

聯想作用說
觀念和觀念的聯想
感覺和運動的聯想
感覺和慾望的聯想
感覺和感情的聯想
催眠利用

八、聯想作用說

心中有某一個觀念存留，會喚起別一個觀念發生，如：思量飲酒，聯想起家中所藏的佳釀；遊興到時，就檢點遊山的杖履；動故鄉的感觸，就會興起家人、田舍、廬墓、桑麻等，層疊想現出來；這即稱作聯想作用。

不僅觀念和觀念的當中成立這一個聯想關係，如感覺和觀念的聯合；感覺和運動的聯合；觀念和感情或感覺和感情的聯合；觀念和慾望，或感情和慾望的聯合等，均可有聯合的事實。

例如：面前飛過火星，無意識間起瞬目作用，這即感覺和運動的聯想關係。路過酒家，見佳餚旨酒的香味撲鼻，要動起食慾，這即感覺和慾望的聯想關係而成。看一齣曹操逼宮，為漢帝不平；過偉人銅像，追懷功績不已，這即感覺和感情的聯想關係而成。

至於催眠中的一切活動，便是利用這一個聯想作用，使觀念連合逐次實現而形成催眠狀態。

暗示機會　**聯喚活動**　**暗示感受性**

術者用暗示興起被術者觀念作用的機會，這稱為暗示機會。由這機會而喚起其他的種種觀念連合逐次活動起來，這稱為聯喚活動。被術者感應第一個感觸而興起諸多聯念的精神，這名為暗示感受性。

譬如：術者對被術者暗示說：「這裏是南京新都，你到來觀光。」被術者受這個暗示興起新都的感觸，就會喚想到南京歷史地理上的景物及新的建設，全城是歷歷如繪，這就成催眠千里眼的作用了。

以上說的是心理學上聯想作用的情形，而打到催眠的學理上，在我們對於這一起是不能反對的，大概被術者受催眠時，一面感受暗示性良好，一面聯想作用又活動，對於催眠成績，自然容易發生。

獨是聯想作用在各人心理上是一樣的有天賦具備的性質；但事實上，不能使人人都依聯想而成千里眼，若說催眠理由完全出於這種聯想作用而成，究竟說得勉強。

九、第二自我說

這種學說和潛在精神說大致相類，是主張一個人除了一個「我」之外，還潛有第二個「自我」。這潛在的第二個我比較第一個我更有微妙的作用。這一個第二自我是發出在催眠狀態中的；催眠狀態中所起的作用，全由於這第二自我的力所發現的，所以催眠的原理，不能不從第二自我說起。

主張這種學說的人，不向生理或正常心理方面講求，而歸到精神哲學方面去，未始不是他的優點，不過這種奧妙的學理，該派學者始終未見有人出來做再詳細的解釋過，真有使人莫測高深之慨，這是最可惜的。

十、腦貧血說

主張腦貧血的人，以為催眠的成因，是由於一時腦起貧血的原因所致，所以腦貧血可以成為催眠的原理。

照我們看來，這種主張是錯誤的，腦貧血在生理上是一種病症，健康的人一時腦血下降，呈現類似腦貧血的徵候而陷入睡眠，如此，只可說腦貧血是睡眠的唯一原因；但不能說催眠的成因是由於腦貧血而起，這一種論調是陷於催眠和睡眠同一不分的錯誤了。

倘若他們所說的話不錯誤的，那麼催眠施術竟不能隨時可以舉行的而要在被術者腦起貧血時才能施術的了；在腦筋不收縮，腦血不下降的日間，更是不能施術了；但事實上並不如此。

著者曾經試驗過，使被術者吸入一種藥味，令其腦血管膨脹，絕不是腦貧血的時候，然後對他施術，也能使他陷入催眠。從這一點看來，可知腦貧血一說，尚不是催眠真正的原理。

十一、預期作用、模擬作用、注意凝集、精神波及等說

還有其他各種學說，只可以採取為一部分的理由的如：

預期作用說
模擬作用說
注意凝集說
精神波及說

預期作用說：即預先定下一個觀念、希望和意志，使後來一一實現。如預期受術必定能陷入催眠狀態；受催眠治療，疾病必定會痊癒，果然收預期作用的結果。

模擬作用：即模仿術者，或模仿前一個受術者的行為動作，以成催眠現象。

注意凝集說：即注意集中，精神歸於平靜而入於無念無想的狀態，這即催眠的狀態。

精神波及說：即術者和被術者各可比於無線電的發電機和收電機，彼傳此感，由術者強固的心力播傳於被術者，因感應而生催眠現象。

這幾種只可認為催眠施法成功的成因的一部分，不能認為整個催眠原理。

十二、心靈說

心靈說可分做新舊兩種：舊的心靈說以為催眠原理的發生，全由人

心靈和精神有區別

的靈魂活動，這種學說現在再沒有人採用了；新的心靈說是由本會所宣導的，與舊的心靈說兩不相干。

這裏，我們之所謂心靈，並不是偏於狹義方面單說是人的靈魂。即就現代潮流興起的心靈科學研究的綱目看來，也不是單純討論靈魂一項。心靈科學包括極廣，催眠術只屬心靈科學中的一個現象，所以催眠的原理，同歸到心靈學中去研究是應該的。

在未著手把心靈說解釋催眠原理之先，對於「心靈」一語，不可不先加說明。

說到「心靈」這一個名詞，學者從來是把它和精神的意義混在一起；但一經精密的考察，兩者便有區別的地方。大概，精神是居於勞動的一方面，心靈是潛藏在靜默的一方面。人們日常的動作，固然是被精神之力所驅使，但是指揮與操縱精神力的，還要依靠到心靈力了。

倘若精神力沒有心靈力為發縱指示，那麼，一個人便只有活動，而沒有靈慧，五官四肢除了動顫之外，便沒有靈慧的作用了。倘若心靈驅策精神的力量停頓了，精神失其方針，發動也就停止，跟著人體的活動也都停息了，這便是歸入所謂有死亡的境地了。即使失去心靈的指導，而精神肉體雖不至於死亡，但這一個人已變成極度的癲狂者、癡呆者了。這正符「哀莫大於心死」的話了。

上面曾經說過精神是受心靈支配的。若要深進一步追求到：心靈的由來？這一個答案，就太費力了，著者另有心靈科學的專刊，請在課外參考。

這時唯有作簡短說明：大概，人的心靈，原是由宇宙的大靈所分派的，人的心靈是可和宇宙的靈歸納為一體，各人的心靈，猶如千個萬個盆子所盛著的清水一一都含有太陽的影子，但逐盆水一一傾注到一個大缸裏面，可是太陽的影子和太陽的實體只是一個；心靈和宇宙靈的容含分析為一而二，二而一，用這比譬得不差的。「天心即是人心」，「人乃一小天地」，「萬法唯心」，這些話究極起來，倒接近這個道理。

現在更從精神方面說來：我們都已知道一個人的身體四肢的生理活

動都是被精神所驅使的，這種實例，把人的睡眠一事來推考，便可知道沒有錯誤了。

夢遊狀態是什麼力量做成

在睡眠的時候，精神是休息的，身體四肢失了精神的驅使便連帶一同休息下去；這是生理學者所主張。但從細加以考察，精神既已完全休息，而體內的心臟脈搏呼吸等尚在不停動作，更有些人在睡眠中發做夢遊狀態，這又是受什麼力量支配的呢？在這時候，精神已完全休止，便不能仍說是被精神所驅使的了？

依照生理學者所解釋，凡是體內器官屬不隨意筋肉，是不受精神所支配也能活動的；至於夢遊等事，是精神病態的現象。這些解釋，不能使人無疑。

一個人的精神對於體內的不隨意筋肉還不能有支配的力量，那更不能希望它對於外界而得有充分支配的力量了。

他們又說夢遊的人，是精神有病，但夢遊者醒後毫不見精神上有何種病患或異樣的。這又是什麼道理呢？從這一點看來，可知人的生活中，精神之外，還有一種靈妙的主要力為操縱，而精神也要在這種力的支配下；這靈妙的力，在何時都存在的，人們身體器官的活動，可就是賴這種力的發生，即日常人們生活的進展，環境的應付，也都是這種力來指導的，這種力便是心靈力了。

心靈力

精神學者昧於心靈力的存在，只知道把「精神」二字來作立論的根據，這一點缺欠的地方，在他們自己也已覺到，所以把精神分做顯在和潛在兩面，以自圓其說。

心靈是潛藏在靜裏，並不像精神顯著的在勞動著的。一個人的精神倘若感著對於或事或物欠缺力量的時候，心靈才從中補充，輔助使它成功。試看催眠術中的一切靈妙動作，都不是普通精神的力量所能做得到，而在催眠狀態中竟做出來，這完全是由於心靈力的輔助和補充。

催眠原理主要的理論

心靈的發現，必須等待精神靜息之後；所以，想要發展心靈力，必須令精神靜息，加以誘導的方法（即暗示），才使心靈力得發展的機會，以完成催眠術的功用，這就是催眠術主要的理論了。

第九章　催眠學理括論

綜合各學說

催眠學理，本來很深奧的，想探求它結晶的所在，實在不是單去研究一種學說所能辦得到，把上章各種學說綜合講來，除了毫無根據的神靈依憑說和動物磁氣說已被近代學者否認外，其他各說，都可有被採用價值的。不過其中有些僅關於催眠方法的應需，未嘗成為催眠現象的原理，如：「神經疲勞說」，「腦貧血說」，「暗示說」等便同樣有了這種缺點。

前一輩學者的誤解

大概，前一輩的學者不會知道把催眠整個原理和催眠施術方法的應需，分開立論，混淆為一起，難得圓滿解釋。須知催眠的真理，應兼具：（一）產生催眠狀態的法則。（二）在催眠狀態中所呈各種催眠功用的原理。這兩種成分，才算得完全。

說到催眠法則，不論是暗示作用、腦貧血作用、或視神經疲勞作

心靈說為主要的學理

用，學者都可隨意採用或兼用。至於催眠的原理，就應該認定最新的「心靈說」為主要的學理。

聯想作用說也有相當價值，其他如潛在精神說和第二自我說也值得加以注意的。

我們既已認定催眠的原理主要的推到心靈說了，那麼，我們再得加以討論一下！

成仙成佛

人由生而長，等到一切「人」的條件完全後，便開始同他四周的環境生關係了。這時，精神最易被物質來誘惑，終至趨入物質嗜好的一途，固有的心靈，那時反受物慾的影響，不能自由發展他的靈能，這個人的心靈力便從此深藏不露了。其中雖有少部分的人，還能夠發展自己靈能做出靈妙異常的事端，所謂仙，所謂佛，所謂大智，所謂聖賢就出於這一輩了。他們所具有超越人類的特質，也不過是能夠發揮他的固有的心靈，不被環境物質所化，不受物慾的影響，所以便能做超乎常人的聖賢仙佛來。

普通人雖不能自由發顯心靈作用，但還不至絕對的消失，如果有方法去誘導它，也未必不能充分發現。這種人為方法，便是催眠方法了。催眠術在施術的時候，把在勞動著的精神一時靜息下去，使注意也集中了，然後心靈得從靜中的機會流露而出，等心靈一旦透露出來，那麼，超越物理的現象，如透視千里眼等靈妙的作用盡能做到。

精神靜息和注意集中的程度

精神靜息和注意集中的程度是有深淺的，所以心靈活動也就有了深淺之分了。換句話說，催眠狀態有了深淺之分，在淺催眠的時候，心靈尚未發顯，若果舉行精妙的試驗，或致失敗。當被術者陷入了淺催眠狀態時，並非全不能接受暗示，對於那些輕易的暗示（如止動的暗示）盡具有感應能力的，不過這只是由於被術者的聯想作用所致，尚未喚起心靈作用要留待陷入深催眠狀態之後。

有人疑惑：心靈既具有一種靈妙的作用；那麼，它本身應該存有鑒別的能力才是。為什麼在催眠受術中，術者用假偽虛飾的暗示也可令被術者的心靈誤認為真實，沒有判別的能力呢？

心靈本能作用

心靈在催眠中不是絕對盲從

心靈發顯的方式

默契關係

這裏也有個道理存在的；因為人的心靈，本來是天真爛漫的，並不會虞慮到虛騙的事情，術者所給予的暗示，在旁人看來，雖有虛實之別，但在心靈自己的置處，憑它的本能作用，即使虛者也可致為實，而實者也可致為虛，實則是虛，虛還是實罷了。但對於無理的暗示，卻仍不能強它接受，或者重大妨害的暗示，往往不發生效力，這也可知心靈在催眠中，並不是絕對的盲從。

總而言之，想要心靈十分發顯，必須要有一種方式去誘起它，這種方式便是催眠了。被術者受施術者施術的手續（如使之安靜精神，排除雜念，深呼吸，凝視，諦聽，和暗示撫下等）。精神歸入統一，心靈乘便易於出露，這時施術者對於被術者又有一番熱烈的精神，可感及被術者心靈上彼此成為默契的關係，所以被術者對於施術者所給予的暗示，都能感應。

至於透視、千里眼等靈妙事蹟，在催眠狀態中能有發現，這更關於被術者個人的心靈力充分活動所成，所以成績如何，施術前是不能預定

心靈所需的時間與程度

的，因為心靈力是人各不同的緣故。

人在催眠狀態中發現心靈所需的時間與程度，也各有快慢深淺的區別，隨而被術者在催眠狀態時發現靈妙的成績也有敏銳遲鈍的優劣差異。在這幾個地方看來，可以知道催眠術之能否成功，及成績優劣，術者和被術者是共同負起責任，不能偏責一方的，這才是正則的催眠術。

第十章　暗示

暗示的意義

「暗示」這兩個字的意義，範圍很廣，它的勢力也很大，現於人們眼前的森羅萬象，都可說是宇宙給人的一個大暗示；譬如：見著一座山，就會感到「高」的暗示；看下大海裏，就會感到「深」的暗示；拈到一根草或是一粒芥子，就感到「弱」和「細」。他如牧師僧侶的佈道，教育家的訓諭，軍人的號令，文人的詩歌，政治家的演說等，盡都是暗示。極至人們生活於天地間何時所具有一切的意識，沒有不由外界

人是感應暗示的動物

廣義的暗示

狹義的暗示

暗示從英文所譯寫

暗示的影響而成。

換轉說：人之所以為人，不外因有這種感受暗示的特性，才能與其他動物有差等。所以，有些學者說人類是感應暗示的動物。

如以上所說，宇宙間所存在的一切有形的、或無形的暗示，它是屬於廣義的暗示；至於催眠術上所稱起的「暗示」，這是比較為狹義的暗示。現在我們所要研究的，便是捨卻廣義的暗示，而只是專在這個狹義的暗示上面去討論；因為催眠的暗示，是催眠術上的一個大生命，疾病治療的成績如何，正和這暗示最有關係，從事於催眠術的研究，首先要明瞭這個暗示的意義，和它的成因和用量，後才會得實際的施用法。

在催眠術中所用「暗示」的名字，是從英文 Suggestion 所譯寫，我們可不必照字面上字義解為「暗裏指示」或「不出聲的示意」之意；寧可解作「術者使用言語或給予意思使被術者曉諭照做」的意思。由這看來，「暗示」兩字，字義的包容還不甚妥當！想改易稱作「示意」，或「教唆」或「推感」等名詞來替代它，但也不得明確；可是「暗示」這兩字的名稱，在催眠歷史上已歷久慣用了，在未找出稱叫較好時，無用另行更變。但仍要知道，它的真義，決不能被字面意思所約束。

各位名學者暗示的解釋

然而催眠暗示的真確意義究竟如何？今把東西洋各某著名學者把它解釋的話，分別介紹出來。

摩路氏解釋

摩路氏解釋　「暗示」，是術者用言語施給被術者，使他發生種種觀念的方法。

弗列路氏解釋

弗列路氏解釋　「暗示」，是能惹起被術者的神經系統之一種變化觀念的方法。

軋捏氏解釋

軋捏氏解釋　「暗示」，是給被催眠者的一種言語刺激，使他自發談話和動作等，能依從意向的方法。

福來博士解釋

福來博士解釋　「暗示」，是施投於人的精神或身體，強令他發生變動觀念，或發生有實力的觀念。

森田博士解釋

森田博士解釋　直接給予相對者信念的方法，即是「暗示」。

村上博士解釋

村上博士解釋　有種誘導人或感化人的力量，那就是「暗示」。

著者於暗示的註釋

看各位學者所解釋「暗示」的定義，就會知道暗示的真相，不會被字面上的膚淺意思所屏蒙。至於著者在催眠術稱謂「暗示」的注釋：

「暗示」，是使令被催眠者精神統一和心靈發顯的一種誘導力量。

暗示的分類

暗示的真義，我們既已找出答案來了，其次應知暗示的分類。「暗示」不只是言語、說法、意思、使命等的改頭換面名詞，原在一個很廣泛的範圍裏，不限定一個呆板樣兒，既已明白。然而施催眠時術者施投於被術者的命令式、教導式、安慰式、禁止式等的一切言語，統統得稱為暗示；又自己催眠時候自己的心念，也可稱為暗示。但可更如下的詳細分別：

對人暗示

甲、對人暗示（又稱為他發暗示）

術者不論用言語、行為、文字，用作暗示施給被術者，都稱「對人暗示」。其中再分為三項：

言語暗示

（一）言語暗示　如術者為被術者催眠時，由始至終所說的言語，都稱之為「言語暗示」。

行為暗示

（二）**行為暗示**　術者為被術者施術時，除用言語暗示之外，再用撫下法，或在患部用手掌輕輕按壓，使生快感等，即為「行為暗示」。

文字暗示

（三）**文字暗示**　設被術者因為耳聾，或對答不通，不能聽得術者的言語暗示，此時術者改用文字代替言語，這即是文字「暗示」。

自己暗示

乙、自己暗示（又稱為自發暗示）

自己催眠無需賴藉術者施與暗示，是由於自己內心暗示自己，則屬自己「暗示」（自己暗示在心中默默想念著，或輕輕發出微聲，都是一樣）。

除對人暗示和自己暗示以外，關於暗示的名目的分類，尚有數項括述如下：

當時暗示與殘續暗示

一、當時暗示與殘續暗示

在催眠時，術者施與被術者的教喻使表現何種動作，其動作即刻能突現出來，這稱為「當時暗示」。

如果術者對被術者教喻動作，那種動作在催眠完了（醒覺之後），才表現出來的；或醒覺後經過若干時日，才把以前所受暗示表現出來，即稱為「殘續暗示」。

例如術者乘被術者在催眠狀態裏對他說：「醒覺後你就覺得口渴了，你覺得口渴時一定要喝兩杯茶！」被術者醒覺後不由得不真覺得口渴，果要連喝兩杯茶；又術者對他說道：「醒覺後經過三天必定再來這裏受催眠。」被術者醒後經過三日，心中果想著受催眠的一件事，就到來求術者施術。這類的試驗，都是殘續暗示的效力。至於催眠治療能使患病的被術者在催眠過後，疾病總不會再發的效果，也是賴這個殘續的暗示力，才能收穫催眠治療的實用。

二、試驗的暗示與治療的暗示

如果催眠目的是在乎遊戲的，術者按著遊戲的目的令被術者發生各種動作這即稱為「試驗暗示」（其他在治療時欲審察被術催眠程度高

類似暗示　口頭暗示　氣合暗示

下，有時也採用這種暗示試驗）。

若以催眠目的在於治療而施術的，術者對於患者所用除去病患的一切言語或行為，都稱為「治療暗示」。治療暗示，又有各種的分類：

1. **類似暗示**　為患者施術治療疼痛時，在催眠狀態中令患者用單一手掌或雙掌貼緊患部，下止動的暗示說：「你的手掌貼緊在這，決不能離開的……」患者果然感應，將手掌緊貼患部不能引離，雖想把手離開，但終不能離開了。術者在後改句暗示說：「如今可得離開手掌了。」患者得此赦免，手掌才得離開，術者正好利用著乘時急再暗示說：「好了！如今你感著的痛苦也隨你的手離去了，病已全消……」這一類意思的暗示，即為「類似暗示」。

2. **口頭暗示**　是術者對被術者解除病患的一切口頭說法，所以稱為「口頭暗示」。

3. **氣合暗示**　術者乘被術者在催眠狀態中，先暗示說：「將有一聲怪叫的聲音，這是可能驅逐你的病患的聲音，到你聽到怪聲一響，你的病就隨著消除了，可保痊癒……」那麼，術者就運氣充實丹田連續發出二三聲「噎！」的雄結聲音，這即是「氣合暗示」。

4. **接觸暗示**　術者用手掌或用治療電鏡輕輕撫摩接觸被術者患部，這是「接觸暗示」（又同於行為暗示）。

第十一章　暗示感受性

催眠術中所謂暗示，不過是術者對被術者所教示的說話，這種說話，和普通的言語無大相異，何以它竟能得到這麼大的功用呢？

抱有這個疑團的人，想來自然是很多；不知催眠暗示的效力，非全在術者片面的口頭說話上，卻在受暗示的人本來具有一種暗示感受性的作用。受暗示者一旦感受了外來的暗示，在觀念上自然會興起變化的；觀念興起變化，至極其感受暗示的容量而完成暗示的能力。所以暗示的作用，很值得我等來研究的。

感受暗示性質是天生的

暗示感受性是人性的要素

暗示感受性，是人類生來具有的；譬如：子女順從父母的管束，學生聽受先生的教訓，教徒的依皈，革命的同情，看花感舊，望月興懷，這都是由於各人天生一種感受暗示的性質。其他：如法律能為一國的制度，用為維持社會秩序，也不外由於人有一種暗示感受性而甘受其支配罷了。若有不信的話?試把教訓或是法律加於暗示感受性不良的動物，那麼正所謂「對牛彈琴不知音律」，絕不能生出何等效果，這誰都知道的了。

暗示感受性，可說是人性的要素。假使失掉這個性感的人，這個人就不能混在社會上一起生活了，只等於一個極度癲狂者，或極度癡呆者，已全失了人的人格。

由此看去，暗示感受性，當人在平時，還不患其消失；若在催眠狀態的時候，其感性當然更加強度，為成功催眠的用處。

人的生活，對於外界一切的暗示，決計不能拒絕，必有相當的感應，只在於感受暗示性為強、抑為弱的分量上有分別；也許是催眠的暗

暗示感受性強弱與外來暗示強弱有關係

示感受性也同是一樣（催眠暗示感受性強弱的分別已說過了）。

可是催眠暗示感受性的強弱，倒不是各人天生而絕對不能改變的，其強弱之度，對於外來暗示力的強弱，是有關係的；譬如：人的神經因為受刺激而起一種興奮性；但是刺激弱，其反應也弱，反應微弱，就失卻興奮性，暗示的刺激，同是這樣。倘若術者所施給的暗示力微弱，或欠適當時，雖遇感性強的人，也許不會生效力。

有些施術的人，自己還懷有許多恐怕不能成功的疑心，以致手忙腳亂，當於施術時只敷衍一兩句暗示就罷，連暗示的次序都弄不清楚，更加言語曖昧，那麼到底不能得到被術者感應作用。反而說來：術者本有威嚴的態度，自信力強，暗示言語存有精神勢力，語句清楚，使被術者容易聽曉，雖暗示感性弱的人，倒可發生效力。還有一點：若是暗示能懇切地反覆的施行，便可因以加增被術者的暗示感受性。

再以一件事，比方：叫一位友人去運動場遊玩，那個人巧另有別事要做，便推辭不肯去；若再說今天是遠東大運動會足球比賽，極屬熱鬧，不可不去看的話，則被請的人，雖確有要事要做，也只得停擱不辦，竟肯到運動場去了。又比方：有要求他人幫忙時，只輕輕講起，人絕不會即刻應允的；如果反覆的要求，言之再三，他必聽從，不會遭始終的拒絕了；在催眠中之運使暗示，當是同此道理。

暗示應婉轉誘導

關於一件事情所施的暗示，不是直率地說一兩句便罷，倘能以婉轉誘導，反覆的投射，旁擊直刺，功用者得顯著。又譬如：當在催眠時術者用一杯茶給被術者嘗飲，只用「飲杯糖水」的一句直率的暗示，被術者也許不起感應的；若暗示說：「請飲這杯糖水，這很甘香，試飲吧！味道真是好呀！飲完還想再要呢……」這樣說來，當中有懇切表情，那麼，被術者定能感應這種變幻味覺的暗示。

暗示應有懇切表情

增高暗示感受性之法

凡多次受催眠的人，也可增高其暗示感性，即術者對於感性薄弱的人，在一回暗示狀態中施與「你以後受暗示更容易，能聽我的說話，對於你的心身上受益更多，以後暗示就很容易，不費多大的手續……」的暗示，逐漸可增高其暗示感受性；這種經驗同學們將來會得到很多的。

感受暗示量

術者初次對一個感性薄弱的人施術，設有不見顯著功效時，總不要介意，務須繼續替他施術，從中可增高其感受性，終於會得到很好的結果。

然而人的催眠暗示感受性，既是有強弱之分，因此催眠的成績，當然也有優劣的區別了。若使術者同一方法，令多數被術者呈同一的催眠狀態，大概是不可能的；這一起原不是關乎術者的工夫，大概是多關於被術者的感性不一致的緣故。

譬如飲酒：人的酒量，有的喝了一杯要醉，也有的十杯才醉，十壺八壺才醉的，必終於一醉；故此術者應該要明察被術者的感受暗示量，以供其需要，方才不至弄壞。

假如有個術者說：我可同用一種方法——特別發明的方法，不論千人萬人都可呈相等的催眠狀態，這是江湖一流大言欺人的話。設更有一個被術者，他因入催眠狀態不深，獲得功效不多，便竟把術者以前施術的成績都抹殺，不加信任，說不是真功夫，這也不是正當的攻擊；即術者自己有時遇到這樣的情形，也不必介意。

第十二章　暗示順序法

暗示的感應和催眠的程度有密切的關係

暗示的感應和催眠的程度，有密切的關係，如對於陷入淺度催眠狀態的被術者，而施以艱深的暗示，大概多不感應的；若堅決要淺度催眠狀態的被術者執行這樣勉強事件，被術者不獨不會感應，或因此會反迫著他醒覺。假使對於催眠還未到深催眠狀態的被術者，竟筆直暗示說：「你是一隻狗了，快走在地上作出狗的模樣吠哩！」這樣，定然不會感應的，如果還強迫他做狗，他便惹起了「反對做狗，或不願意做狗，是人不是狗，是滑稽的取笑」的觀念，會醒覺過來。

這些錯誤在初學者至要留意。同學們大家都曾讀過書，在小學時教你中學生的功課，你做得了嗎？在中學時期教你大學生的功課，你做得了嗎？躐等，是做不了的。有初淺催眠程度，做甚深催眠程度的工作，同於這一個道理，決計不會做成功。

對於在催眠狀態的被術者，最初則暗示令他不能開眼，如果見效了，便知道被術者不能反抗術者了。再施與手不能動，或把雙手伸平直等暗示，也見效了，從此可知被術者的筋肉已依施術者的命令而活動，以後可更進而以變幻感覺的暗示（如以字紙，暗示變作鈔票；清茶，暗示變作糖水等）一步一步地深進都見成功了；那麼，更可施給比以上較難的身體成橋、人格變換、透視、千里眼等暗示去試驗。

（注意）以上的次序，絕不是一個連緊一個，眼不能開，就快接著手也不會動；到手不會動時，不是快接著能感應變幻感覺的暗示和身體成橋等試驗的。每個暗示要多說幾回使充分容納了，當中又要夾著一步進一步的誘導深眠的暗示，使被術者催眠程度增高，才得勝任愉快。

若問每個暗示試驗之後，要隔若干分鐘繼續又行較深的暗示方為有效？答這個問題，不能下一個絕對限定的時限，術者應在此催眠情形之下觀察，臨時變通，才屬合法。

暗示一步一步地深進

注意地方

總之，已察得被術者已陷入真正催眠狀態了，自發的精神已全靜息了，在這個時候，被術者感受暗示，是極其容易的，他已無反抗的自主力，此時連接給予相當暗示去試驗，也許無礙。

第十三章　催眠暗示與所謂命令實質不同

命令應備的條件暗示無用備具

同學們看到在催眠裏所用的暗示，心中莫誤為和一個普通上所謂「命令」相同；其實，催眠的暗示與命令兩者性質截然各有分別。其分別之點，是命令應備的條件，在暗示無用備具的。

命令在兩者之間才能成立

一、命令在兩者之間才能成立。須有一個發命令的人和有一個受命令的人，在兩人之間，命令才能成立。故命令必須有命令者和被命令兩者的關係，才適用這個「命令」的名詞。

命令要使被命令者知道命令的目的

二、命令要使被命令者知道命令的目的。命令某一個人做任何事務，都要說明清楚，或會意清楚，被命令者才得依其命令而去履踐。

命令要從命令者實在心意發出

命令要按被命令者的力量是否可能

命令要用言語或文字表出

命令對於被命令者不能強迫一定服從

命令的權威自然是上輩施於下輩

命令施於正常心理的人為準則

三、命令要從命令者的實在心意發出。命令者對於命令人去做一樁事，要心意中知道所命令所做那樁事是實在的，才發出命令。

四、命令要按被命令者的力量是否可能。如果命令人去做一樁事，施命令者，必要按照所命令的事計量被命令者是否勝任，如果出於無理勉強的，這不算是命令。而在被命令者方面也不能承受這一樣壓迫。

五、命令要用言語或文字表出。命令者命令他人時，自然要恃仗言語和文字。倘默不發一言，或無文字，單憑動作來表示，被命令者，未必明瞭用意；即使去做，難免誤會及錯亂。

六、命令者對於被命令者不能強迫一定服從。發出命令自己不敢決定所發出的命令確屬有效；反面說被命令者對於外來的命令，不是絕對能服從履踐而無反抗。

七、命令的權威自然是上輩施於下輩。上輩的意旨責下輩去斡旋，才得稱為命令。

八、命令施於正常心理的人為準則。命令的執行有效時期，在被命令者是正常心理精神系統不是破裂時，才能有效。

比較不同之點

以上所說命令要具的條件，與催眠暗示比較說來，不同的如下：

暗示不要在兩者之間才能成立

一、暗示不定要在兩者之間可能成立。暗示原本也要待術者和被術者之間才能成立。但暗示範圍，又有一種自發的暗示；即是發出暗示和受納暗示都屬於一人；例如適用自己催眠法，自己心中提起一種治病的信念，結果能照他的信念得以影響病癖，能收良好功效。這種自發的觀念，也稱為暗示，其功用與對人所發的暗示相等。若只是出於命令，那裏能夠自己命令自己？

暗示不定要被暗示者知道暗示的目的

二、暗示不定要被暗示者知道暗示的目的。暗示的目的，實際是怎樣？不必令被術者知道；例如：在催眠中之一種精神感通作用，即是術者要想被術者起一種動作，不必明白宣出於口，只用一種心慮的暗示，被術者也能照行的。

暗示不定要從暗示的實在心意中發出

三、暗示不定要從暗示者的實在心意中發出。暗示者對被暗示者有時所施給的暗示，不定要合於事實的情理。例如：用一個軟枕當作小貓

暗示出於常人能力做不到的竟有功效

暗示不單是靠言語文字

暗示於被暗示者可令其一定服從

抱在懷裏；用碗清水當做葡萄酒使飲，都當真有其事的。其他種種變幻感覺的試驗，術者所與的暗示，多屬對事物的實在為反對的。這種暗示的特質，更非普通狀態人的口頭命令，文字命令可能得到這樣的奇妙作用。

四、暗示出於常人能力做不到的竟有功效。普通的命令，必要按照受命令的人的能力是否勝任，但在暗示方面，就無用計及能力的限制；例如：催眠術中身體硬直的暗示、針刺不痛的暗示、透視的暗示等所令被術者盡能一一表現出來。

五、暗示不單是靠言語文字。催眠暗示，不單是靠著言語，或用文字，除使用言語文字暗示之外，術者身體的舉動，心中的念想也算是一種暗示，於被術者能以感應通過的。

六、暗示於被暗示者可令其一定服從。被術者因在催眠狀態中，精神無自發的運動，對於術者的暗示，已無反對的能力，故術者能令被術者一定遵守服從他的一切暗示。

執行暗示權無上下尊卑階級的分別

暗示施於在變態心理時的人更得效驗

暗示與催眠有特別關係

七、執行暗示權無上下尊卑階級的分別。催眠術不論尊輩對於卑輩，或是下輩對於上輩，都可施術，執行暗示是無階級的分別。

八、暗示施於在變態心理時的人更得效驗。暗示感應性在人變態心理狀態時正是強且有力。催眠狀態，即是屬於一時的變態心理狀態，所以暗示在催眠狀態中最能顯呈功用。若在人的普通精神狀態中反無充分力量，這與命令適相反。

綜看上面比較說的，就可知命令和暗示實質的不同，雖在表現上看去兩者無甚軒輊，但一究其性質和功用，兩者便有如此鮮明的分別。

第十四章　催眠暗示注意之點

催眠現象的產生，完全賴術者所施予的暗示如何而有異樣表現；所以暗示與催眠居中有特別的關係。換言說：暗示的妥善與不妥善，和催眠成績的優劣成為正比例。有如：甲施術者暗示被術者，能得到相當成

暗示注意的要點

績；輪至乙施術者用同一目的的暗示與同一被術者施術而成績卻無，這當是甲和乙兩術者對被術者雖用同一暗示，但其運用暗示時各有妥善或欠缺的緣故。因運用暗示是否妥善而催眠的成績遂有差等不能得著一致，所以本章要分列暗示時應注意的要點。

暗示的言語應採用被術者易於明瞭的說話

一、暗示的言語應採用被術者易於明瞭的說話。暗示總要使令被術者能聽個明白，才可興起感應作用。倘若術者對北方人而用南方言語，或對閩粵人而講北方話，對外國人而用中國話以為暗示，一定沒有成績（北人懂南話，南人懂北話，外國人曉中國話，這當然可以，沒有問題）。

暗示言語莫過文義

二、暗示言語莫過文義。暗示的言語應採用通俗說話而以能使令被術者充分曉諭為好；倘暗示語句過於文章化，或引經據典意義甚深，那恐怕被術者程度關係，領會不全，就發生考慮躊躇懷疑起來了。

暗示語氣要含蓄著精神力和斷定力

三、暗示語氣要含蓄著精神力和斷定力。施術者施與暗示，不是如我們普通說說談談，那樣輕率敷衍常有失言的過處；當在暗示時要鼓起精神籠罩住被術者全身，意志上還使他一定受術，而所用暗示的話，應含有充分精神力，要印感於被術者的腦海中成一個深刻的印象。並且暗示要帶有斷定的語氣，借此鞏固被術者的信念，和興起他的安慰觀念，這才得到良好的影響。如暗示說：「你的雙手是絕不能高舉起來的」，或「你的頭痛確實痊癒了」，像這樣確定的語勢，何等雄厚！拿來比較如「你雙手恐怕動不來」，或「你的頭痛大概會好」似的帶有推量未決的意思，其結果就有天淵之別了。

暗示要適合被術者眠的程度

四、暗示要適合被術者眠的程度。被術者在淺催眠狀態時，術者不宜施與艱深的暗示。這時若想試驗感覺變幻等的事情，或施行帶有滑稽性的試驗，因入眠的程度淺，是要失敗的。

暗示不能有矛盾地方

五、暗示不能有矛盾地方。暗示不要有矛盾，前後發生抵觸，否則淆亂被術者的感受性，最是失策。例如：暗示說：「你的雙手固定著，斷不會動作的了」；但在後未加解除這種止動的狀態，即又暗示說：「你把雙手伸出來。」試想？這個暗示已有前後矛盾之弊，似這樣的暗示是不適用的。倘若改句說：「你的雙手此時會靈動了，把手伸出來吧！」這樣才合法哩。大凡施投某種暗示，被術者感應後，看是應解除的，務要再來暗示除掉它，才好再施別種暗示，這是一點該留意的地方。

六、暗示不妨反覆多說幾遍。凡下一個暗示，不是只此一說便算完了，更可反覆誘導多說幾遍，那更能得深刻地印於被術者意識上。

七、暗示語句要婉轉圓活。暗示語句能婉轉圓活，最令人受聽，與起感應性也容易；不然，術者所用暗示的語調犯有鄙俗、直率、不雅聽、不懇切等缺點，早已令人厭惡，難望興起相當感應。

八、加害於被術者身心名譽的暗示切勿使用。施術者要尊重被術者的人格和健康，凡施術時，只好令被術者受益，從中或有不利於被術者感應的暗示，概當禁止，不可濫於施投。

以上列出暗示的要點，術者在施術致用時固然要十分注意；即使被術者已陷入催眠狀態之後，施行某種試驗所施與暗示，也要適合以上各

暗示不妨反覆多說幾遍

暗示語句要婉轉圓活

加害於被術者身心名譽的暗示切勿使用

條件。

第十五章　催眠狀態受暗示影響發生的諸般作用

催眠狀態

被術者感應術者所施給的暗示，實行暗示的動作，沒有躊躇抵抗的心理，這即是「催眠狀態」。

若問：被術者陷入催眠狀態所受暗示影響作用，到何程度？和被術者能發生何種的特別現象？要回答這個問題，不是以簡單的話便可儘量寫出。今要詳細點將催眠被術者在催眠狀態中，受暗示影響發生的現象分為：生理的現象、心理的現象、心靈的現象三種，照此區別講述下來。關於生理的現象：

關於生理的現象

一、影響隨意筋的現象

影響隨意筋的現象

隨意筋，是指人體諸筋肉能隨人意使活動的部分而言；如術者向陷入催眠狀態的被術者暗示：

「你的手不能動。」

那麼，被術者雖極力想把手提舉，但終於不能移動。又暗示說：

「你的手能伸動了。」

被術者的手此時才能起動。同這一類：如暗示不能開眼，不能張口，不能舉步，不能旋頭，不能俯仰，都是隨意筋受了禁止暗示的束縛。

有不由口頭暗示而由人的內心暗示（心慮暗示）指使活動和止動，都是一樣有影響。

因為人的身體的各部，可隨意動顫，或隨意停止動顫的筋肉，在催眠狀態中，俱受催眠暗示的支配，要動就動，要止就止。

利用這個作用，所以在催眠治療法中可將四肢麻木或半身有不遂的病患者治好。

二、影響不隨意筋的現象

不隨意筋，是指人體筋肉當中，有不能隨人意使活動的部分而言；如人體中的心臟、肺臟、胃腸等器官就不是隨人的意可使其加速活動，或緩弛及停止活動。但是，如對於心臟過度跳動的人，用催眠治療，乘在催眠狀態中用暗示說：

「你心中很安靜，很和平，心中已不覺急激跳動了。」

患心悸亢進的被術者，結果心跳度數低減等於普通人的一樣。同樣對於胃腸病的人施術暗示說：

「你胃腸的活動力增強，消化力充足了，雖多吃一點，已沒有停滯之患了……」

感應這暗示，胃腸蠕動力果然加強，消化無礙，且得大便通暢，向來的消化不良、大便泌塞一概除掉。人的一雙耳朵是不隨意筋，在活潑感應暗示時，可以使一雙耳朵，微微扇動。

影響分泌的作用

三、影響分泌的作用

因暗示作用影響分泌，很有普通的事例；如看見酸質的東西，自然會分泌口涎；遇著焦急的時候，當會發汗；和乳婦適當憂懼忿恨的時候，乳汁會停止分泌，這幾宗平常事件，盡人知道的。但是，這種分泌作用，人在平常的時候，還不像在催眠狀態中受暗示的影響那樣容易與起變化。

凡汗液、乳汁、胃液、尿液、口涎、精液、月經等於催眠中一受施術者的暗示支配，跟著就是加增或減少或閉止；所以病在分泌過多，或過少，用催眠術可能治療它。對於失乳婦人暗示使令乳汁多出；陽痿的患者以暗示誘起其射精旺盛，這是最高明的醫法。

影響血液循環的作用

四、影響血液循環的作用

催眠暗示，又可影響被術者全身的血液循環，使其正確加速。如術者暗示他：

「全身的血液循環很暢快，毫沒有停滯！」

被術者受這暗示，血液流行果然旺盛，比前不同；至於婦人的月經閉止或缺少，依此也可治療。

五、影響體溫的作用

人體的溫度，經過往實驗，知用催眠暗示，可使被術者升高攝氏表二度；同時暗示說：

「你的右手很熱；但左手卻很冷。」

倘使被術者手握著體溫器試驗起來，右手之溫度，就會比左手的溫度增高。

如術者又用手掌壓著被術者的手臂之一部分暗示說：

「你的手臂覺得灼熱，熱呀！熱呀！被火燙傷了，現在起了腫泡了。」

瞬間術者從被術者手掌壓過之處，果然現出紅焦，發生刺熱，好像真的是燙腫的狀樣；後用濕紙貼上發腫的部分當做是治泡油膏，再加治好的暗示，又能令他的皮膚復原。

這類試驗，在往時的南西學派曾有這樣報告；而在本會學員也多得同樣經驗。但這項試驗，是要在深催眠狀態感性十分良好的人，才容易實現。

六、影響脈搏的作用

人的脈搏或速或緩，只用簡單的暗示，可以興起變化。如暗示說：「你的脈搏跳度增高了」，或「你的脈搏跳度減低了」。經反覆幾回說過，跟著檢查看看，可見效驗。

或是在未暗示之先，令被術者的身體發生運動或引起其一種憤怒，同時可使其脈搏會增速，這是間接增加脈搏的方法。

據以前學者所報告，使用暗示，可使被術者停脈至數分鐘，呈出假

影響身體硬直狀態

死的狀態。

此種狀態，在本會也有試驗；但這種試驗對於被術者生理上不是有益的，我們寧可少行些，尤其是不是熟練的術者，更不要濫去試驗。

七、影響身體硬直狀態

人的全身筋肉，一時能呈出硬直，也是受催眠的暗示而實現。如術者暗示說：

「你的全身軀幹都變成很硬直，好像鐵棒一樣，將身體橫倒，也能載起重量的東西，終不覺得辛苦，很能堪耐的。」

那麼術者偕同助手把被術者的身軀橫倒，用兩把椅子支著其足部與頭部，造成一道人橋，身體上面可站著兩三個人。

這種現象，是人身筋肉暫時緊張起一種大變動，竟至呈出強硬挺直的狀態，與平常體態不同，可為催眠術中一種奇異的特徵；但是這種現象持續的時間，是不久的。試驗時應要注意。

影響身體不自主的狀態

心理上受暗示支配的作用

八、影響身體不自主的狀態

所謂有不自主的狀態，即被術者受施術者所使，身體呈出一種不自然的態度，不得施術者的暗示解除，自己不會恢復原狀。如術者暗示道：

「你的手高舉不能放下了！」或「你的舌頭伸出不能縮入了！」「你的頭歪著不能端正了！」「你的腳彎曲不能伸動了！」「你的身體向右邊傾斜了！」

被術者感應以上某一個暗示，即呈那種暗示所限定的形樣，而且持續很久，要待術者再用暗示把那個限定形樣取消時，被術者的四肢身體才恢復自然。這種身體不自主的現象，也是催眠術中一個特徵，人在醒覺狀態，絕不會如此。

以上所說各種現象和作用，是被術者生理上受著暗示的影響而實現；其他心理上受暗示所支配的作用，尤屬特別。例如：

影響自然感覺的作用

影響五官感覺的作用

一、影響自然感覺的作用

自然的感覺如遲未進食便感覺著餓；天忽下雨感覺著涼之類。如術者對陷入催眠狀態的被術者暗示說：

「你很覺得肚裏饑餓了，要吃東西呵！」或「你喉嚨乾渴得很了，要喝茶了！」或「你如今覺得很疲倦了！」或「你不覺著疼痛了！」等。

被術者感應以上的暗示，心裏也發出同樣觀念，就會雖是不餓不渴，也竟覺著肚餓、喉渴、疲倦、不痛的了。這些感覺，原來都是自然地直接感覺著，不是由於身體內某一機官受外來的刺激所成，故與下邊講述的相異。

二、影響五官感覺的作用

五官的感覺即向視覺、聽覺、嗅覺、味覺、觸覺等說去。催眠的暗示也可以有支配這些覺感的能力。例如：術者對於陷入催眠深度的被術者暗示說：

「你的一雙眼睛，和尋常不一樣了；真是明亮呵！敏銳的很哩！不論什麼東西都可鑒察出來了！」

被術者感應這暗示，眼力登時會變成銳利，對於術者給他看的微細文字或物件或稍為遠離放置的文字及物件給他看，都可以看察出來。術者試又暗示說：

「你如今眼力完全失其效用了，不論什麼東西，雖睜大雙眼也辨看不清楚了！」

被術者感應這暗示，視力即時喪失，無論看什麼都看不見，和瞎子一樣似了。也可在他面前放置甲乙兩種東西，看見甲竟看不見乙，或見乙不見甲，任術者暗示去佈置。

其他如聽覺、嗅覺、味覺、觸覺的敏銳，或遲鈍，盡可依暗示所支配。即如被術者因術者所施給的暗示，令他感覺敏銳，把遼遠的聲音，也可聽得真切；一隻蚊子的聲音，震耳同如雷鳴；細小的物屑，也可分辨其氣味；水盅裏摻入些少的鹽或是糖，也能辨別味鹹或是味甘；或用

影響感情的作用

羽毛放在他的皮膚上拂拭，倒感如竹刺一樣。

反其作用，暗示使人感知遲鈍，那就是在身邊鳴叫，也不會聽聞；餅飴和黏土，也不知分辨；麝香和糞汁兩不能區分；針刺也不感覺疼痛。唯聽暗示而生變化。

三、影響感情的作用

被術者的喜怒哀樂愛惡慾的各種情感，也能給催眠暗示所支配；即暗示惹起其可喜，就有歡欣的表情；怒，便有憤恨的表情；哀，竟有放聲大哭的；樂，有時會笑不可抑的；愛，現出親暱樣狀；慾，就顯現貪求的鄙俗。

如積極對於個人的方面發揮他的感情，也是最有效應的。

又因暗示有殘續的能力，使被術者醒後，仍不會改變態度，依此可應用於家庭上的夫婦失和、兄弟不睦，就在催眠狀態中為他矯正。又有不良性癖的人如牢騷滿腹，厭世悲觀，惱怒善罵，失卻正態感情，卻可適用催眠術以改造他的性格。

影響情慾的作用

影響錯覺幻覺的作用

正覺

四、影響情慾的作用

在人類的情慾中，其主要的莫如「食」與「色」，如對於小孩貪食癖習，導入催眠中用暗示節制更改他的習慣；推廣應用；戒酒、戒煙，最是得策。而人的貪慾不進，不愛飲食，也可用暗示增進其食量，使令適合胃口。

至於色情的增減，更可受暗示所支配。倘術者對被術者一時不慎，誤施色情亢進的暗示，被術者感應後，倘無女性洩慾，便一夜遺精數次，還要手淫。反用時，施與色情減退的暗示，那麼，對於任何婦女，不動性慾。依此淫心過熾嗜好手淫的少年，可於催眠狀態中改善其行為。嫖賭飲吹一流人，催眠術可是唯一的救濟方法。

五、影響錯覺幻覺的作用

人的知覺可有三種分別，即是：

1. **正覺**。對於外界一切的事物，知覺不會有起變異的；即如看見了一個人，在他人看著也是一個人沒有兩樣；拿到一本書，便認識是一本書，他人看見的同是一本書。對於目前所現著的物體看見，或聽見，或是拈到手，是沒有差錯的，這即是正覺。

錯覺

2. **錯覺**。對於外界一切事物的知覺一時有錯誤。如看見衣架，以為是一個人立著；月夜路邊看見一根麻繩，認是一條大蛇。這就是錯覺。又如平面上所繪的山水，看見有浮凸遠近的現象之類，也即是人的一種錯覺所現。

幻覺

3. **幻覺**。外界實際上沒有形體，而眼前卻覺得有現象。如眼前忽然發現遠方親友的姿容；或對於黑暗裏忽然有人來往。這稱作幻覺。

錯覺：是眼前原有物體存在，不過一時視神經看錯，所感覺的，與原物不相符。幻覺：是眼前並無物件存在，一時眼睛會看見有個形影。正覺：在人普通生活上都是正覺的。

錯覺和幻覺：多是在催眠狀態中，被暗示影響才會發生。如暗示說：

「你面前有隻鳥，快捉住牠。」

那麼，被術者像真看見有一隻鳥飛下來，還要伸手去捉；其實，只是術者用條手帕在被術者頭上亂抖，那裏真有鳥，不過用暗示誘起他的錯覺，被術者感應了，就真起一種飛鳥的錯覺。又術者暗示說：

「你看，你的妹妹到來了，快去接見她。」

那麼，被術者又像真看見他的妹妹來，並有歡悅的表情；其實，在被術者面前並沒有誰在那裏；不過術者用暗示誘起他的幻覺，被術者感應了，就會起一種看見人形在面前的幻象。

更有一種消極的幻覺：以上所說，實際上是沒有的，而使被術者竟會看見有這樣東西，這樣稱為積極幻覺。若是實際是有的東西，而被術者看見完全沒有，這則稱為消極幻覺。例如：術者對於被術者暗示說：

「你如今只瞧見我一個人在這兒，這裏除我們兩人以外，沒有別人了，你試睜開眼看一看！」

被術者睜開眼看時，果然沒有別人了；但其實還有旁觀的人在施術室裏，而被術者竟不能看見他。

又術者暗示被術者對於完整一個物體只使看見其中的一部分，其餘部分是看不出來的。例如：暗示被術者對他前立著的某君只看見他的頭部，不能看見他的身體，也可試驗有效。在這狀態中的被術者，能幻視他人身首分飛，暗示到驚怪處，能見被術者帶著恐怖的表情。

錯幻感覺，除視覺之外，聽覺、味覺、觸覺等，也同樣能喚起種種錯幻。

影響意志的作用

六、影響意志的作用

被術者的意志平日雖是沉雄強亢，但在催眠狀態中為暗示所制止，豪氣全歸減退，這點也算是催眠的一個特徵。然而被術者意志減退至何程度為止？因各人不同，難下一個定格。意志減退多少，雖和催眠程度深淺有關係；但此關於被術者本來的性質而決定居多。

列烏耶夫耶路氏的報告

關於催眠意志減退的試驗，據列烏耶路氏的報告，頗見有趣。氏曾與一個感性良好的患病婦人施術，到了入眠時，她對列氏的暗示要求，多方拒絕；列氏第一次催眠，要求她遞給她所持的手帕，但她不願，經列氏再三央請，才肯遞授；但這時一察她的顏面，已表現一種不愉的顏色了。

第二次催眠，列氏更要求她衣袋裏所貯有的手套，她極不願意，再三勉強也無效。至此列氏就捨其要求，轉而對她行病患治療，簡略為她暗示治療一頓，又突然回復其先前的要求，這時她已不如當初那樣拒絕了，勉強帶有羞澀的表情，便從衣袋裏取出一雙手套遞給他。

第三次催眠列氏更淘氣起來對她暗示道：「你在前星期午後和你的許婚的男子去那裏遊逛呢？你要實說。」連續暗示了幾遍，她都不肯回答，稍停一息，列氏突用強調的語勢，嚴加詰問，她當這時候，便不如前那樣沉默不言了，竟從實答出。

到了醒覺後，她對列氏說：先生數次的要求與詰問，我很想用言語反抗；但心所想說的話，一到了喉嚨，便格格不能吐出，只有強自抑制，終至於要想反抗，也不可能。

看上面所說試驗的實例，可知人的意志，在普通精神狀態不能減退

影響於記憶力

的，在催眠精神狀態會有受暗示所減退，依這作用，一個人在平日意志太過亢進的，可借催眠殘續暗示的力量，使令減低，趨於平正。反用之，意志太過減退的懦弱頹唐者，倒又可借用催眠殘續暗示力，作為絕妙的興奮劑。

七、影響於記憶力

若問：催眠被術者記憶力是怎樣？關於這個問題，應分作兩層來說明：

（一）是未受暗示影響在催眠中的被術者的記憶。

（二）受暗示影響在催眠中的被術者的記憶。

未受暗示影響在催眠中的被術者的記憶，與普通醒覺時的記憶相同，雖說在深催眠狀態記憶是有多少變化，但在淺眠狀態時，在催眠中所經過之事，醒後尤能記憶。

受暗示所影響在催眠中的被術者的記憶，因暗示所影響，便大起變動。例如：暗示被術者的記憶力增進，則被術者當時的記憶，感應暗示後即有變化，對於久遠的事情，也可回憶，對於現行記憶，又很能堅固。本會關於這種增進記憶力的試驗成績很多，即如對於劣等的學生，在催眠狀態中用暗示提起其記憶力，教以英文、唱歌或國文、其他讀物，比較在醒覺狀態時教授，令他記憶更容易；憑暗示的殘續力，在醒後牢緊記著。其他對於記憶低劣的人，用催眠治療增進其記憶力，得收效果的極多。

催眠暗示：能令被術者記憶增進；被術者完全忘卻的事情，可使之在催眠狀態中回想出來，這點在治療上極有幫助。患者雖是對於自己病源早已忘卻不能記起，若用暗示使他在催眠狀態中將病源追想出來，為之施行治根法，可以一掃病的底蘊。

人的記憶作用，原是在於靜的方面才容易發動。例如：人在平日普通精神狀態的時候，對於某事情的追想，是要低著頭，閉起眼睛默默靜靜地想著，才記得出來。

催眠：是相比更靜的狀態，兼受暗示的提拔，所以記憶起來最容易

影響人格變換的現象

的。在越深催眠，越屬沉靜的狀態，能越受暗示所影響，記憶當越是增加，即使被術者憶及兒童時候的事情，也有相當的成績。

被術者的記憶力不獨可受暗示增高，還可接受暗示於迅速時間把記憶低減，或消失，記憶受暗示所低減消失之度被術者平日所習讀之文字，當時也不能讀出，日常使用的物品，竟不能舉出它的名目。甚至於自己的姓名、年齡，也會忘卻，此等試驗本會會員報告極多。

被術者在催眠狀態中，所經過的動作，要使醒覺後，還留存印象，或使醒覺後忘卻，或醒覺後只能記憶一部分，總是任由術者施給的暗示分別使之實現。術者當被術者正在催眠狀態中，未至全醒的時候，施給記憶，或不能記憶，或一部分記憶的暗示，便得生效。

八、影響人格換變的現象

人格變換的話，是將被術者本身的人格，暫時停斷，改作別一個人的人格。是使被術者從現在的生活時代，變換作另一個時代，而能按其所被變改的時代人格的言語、態度表現出來。

施行這種試驗，在催眠中先使被術者忘卻自己本身的人格、年齡、環境之後才暗示說：「你今年只十五歲！」或「姑娘，你今年才八歲呢！」被術者雖屬壯年以上的人，當時感受暗示便回復以前青年時代的心理；或被術者為女性，經已出嫁，也能回復少女的環境，一切的動作與形態，同足少時的模樣。並且對給予玩具和餅餌，愛弄又愛吃；更給他紙筆墨，塗寫出來的文字十分陋劣，筆劃缺誤和兒童筆跡相類。

這種年齡的變化，非只能由壯年變至幼年，更可令青年人變了做老頭子；甚至男性可變為女性，女性可變為男性；當時被術者的性格態度為之一新，極令旁觀者稱奇不置。

人格的變換，不只限於年齡改變一樣，再來令被術者把本人的人格變為別人的人格，也行。譬如：被術者本來是位大學生，在催眠狀態中可受暗示的影響，變做田疇間的農夫，他表現出農夫的形狀粗鄙，農作的辛勞，十分肖似的。使變做和尚，會念阿彌陀佛，還敲響木魚；變戲臺上的大花臉，他居然唱做起來了。變做大總統、演說家、乞丐、關

狐憑病狼憑病

公、趙雲，也得形容相當的身份。

活用起來，如懶惰的學生，可使變為勤勉，賣淫的女子日後保有貞操，在催眠極端深進的變態，可令被術者變為貓、狗、飛禽，或橋樑、桌椅等無生物，一到接受暗示之後，暫時有相當的形態表現出來。

這些奇異的變態，在術語上，稱為劣等人格的變換。

人格變換的現象，不只在催眠狀態中可發現；例如：精神病患者屢屢有這種人格變換的心理，尤其趨於劣等人格變換為多。在中國所稱狐憑病，西洋之狼憑病，當時患者自己遺忘本身的人格而變為狐格，為狼格，做出狐狼的叫聲和形態，甚至有匿身於森林土穴中追襲生人，捕獲野獸，以裂其皮肉，演出整個獸性的行為。還有所謂神憑鬼降，在一個時期忘卻本人的人格，變成一個神鬼的言語與態度。

這種現象在昔無人肯去探究，在後因積習遺存，自命為鬼為神的，他人也為鬼為神看待，已成不可破除的迷信。

動物或鬼神依憑人的身體上的病症，類似催眠術人格變換，在他不過是自發的人格變換，而催眠的變換人格，則屬於他發的，為一時被暗示影響而起，不是由於本來的精神有障礙所致，兩者僅有如此區別。

人格變換的幾個疑問

人格變換，是一種耐人思考的問題，無論何人都有如下幾個疑問：

（一）被術者人格變換時，自己是有意識的嗎？

（二）被暗示影響變為動物，或是無生物，被術者果確信自己即是這種動物或物體麼？

（三）被術者受暗示變換人格，是不是強為裝模作樣，恰如優孟衣冠，登臺扮演的心理相同麼？或是被術者當時自己本來的人格，及現時社會時代的情況，意識上毫無存留，盡歸消滅，只變暗示所指之人格，就以為是本人真正的人格麼？

關於這些問題，歷來催眠學者都有多少議論：大概對於這個現象，比如優伶正在表演劇情的感想相同，被術者當時雖不是立身舞臺上的一個優伶，但他的言語動作，都能相當在他的所變的人格表示；和優伶者按其所扮的人物演出其相當的動作一樣。但其他的見解，也有見異的；

如說：人格變換的現象，是歸於被術者錯幻感覺作用。又說：是由於被術者當時記憶脫失而另生一個新形象所使然的。

人格變換的原理

但研究人格變換的原理，應從人格變換實情上去追尋才得著落；譬如：試驗使被術者變為某人的人格，當時被術者對某人為素來認識的，才能模仿肖妙。又被術者新變人格的動作，仔細考察，不過表面的相似，好像弟肖乃兄，兒女肖雙親一樣還不是十足相似。

依這點看來，可知人格變換還不是被術者本人的生活經驗與個性完全消滅另變成一個指定的新性格。那樣極端的人格變換，寧可說是被術者受暗示影響，一時興起的聯念作用，模擬作用，從這表出其新人格的動作的模樣。又使之變為素未見聞過的人，被術者也能由聯想推測表示其動作出來。其動作姑不問是相似與不相似，也只有受暗示支配表示出來未有反抗。若瞭解這理由，試驗時當不致苟求其成績。

催眠影響心靈的作用事項

以上所說各項，是指催眠暗示影響心理的作用的現象而言，當中已不少妙趣；但比較尤其奇異的，更有影響心靈作用的事項。

透視

視察遠方事物

預卜物價升降天時晴雨

影響心靈作用的事項

用手帕覆蔽一件物體，次移近被術者身邊暗示說：

「你的眼力非常銳利，對於手帕包裹的東西能透視其物的形狀，決不會看錯的。你試看吧。」

被術者感納暗示後，不論張開眼，或是半張開眼，或仍然是閉著眼，一時作看察的模樣，終究能看出手帕包裹的東西沒有差錯的。

術者暗示說：

「你去偵察隔室某君現在做著什麼事，報告我知道。」

被術者感應暗示後，瞬間能說出某君的動作，或坐，或臥，或是看書，或是寫字，或操作某種工作，果然相符。可又暗示：

「你往某君家裏看他家人，誰在做什麼事？迅速回答來！」

被術者也能接受暗示，不久答出。

又有一事項：令被術者預言未來的事情；如貨價的升降，天時的晴雨，很有靈驗，在旁觀者視之，或會稱為神化了。

以上所說的催眠透視，千里眼靈感等作用，用心理或生理的學理解釋起來，都難得圓滿論斷。這是關於人在催眠中心靈發顯作用，有超越物理法則的神妙。

催眠積極的靈感作用，除術者用暗示提起其發顯動機外，其成績的分別，是有關於被術者的心靈力的強度與薄弱，心靈力強敏的，施行這種試驗，成績多半成功；不然還要在催眠中常做練習薰陶的工作，才能受試驗有效。所以催眠中的靈感試驗成敗，要術者和被術者雙方盡職，不能單任術者一方面獨負其責。

以上所述催眠的功用，千態萬變，似乎各有各的催眠法不同；但催眠術不像魔術那樣一套有一套的弄法；催眠術的手續，只是一樣。各種的催眠現象，為整個的催眠道理所化分，只由術者運用暗示令被術者分別表現出來而已。

術者所用暗示使被術者表現催眠的現象，必須被術者在催眠狀態中，才能有效；否則，幹來近於滑稽了。然而催眠狀態也有深淺程度的分別；那些深奧美妙的現象，要在深度催眠才能表現。

同學們見到這一章寫出的催眠現象，必有多數人想著急於試驗；但機會還未到，研究這一門學術用不著躁急的，還須熟知下面的幾章，然後再談施術法。

第十六章　催眠狀態階級

被術者陷入催眠狀態，因有程度深淺的分別，歷來學者就有鑒定催眠狀態分為種種階級，以供施術者按其階級酌施暗示，借此獲得催眠完善的功用，今將各學者對於催眠階級的分類，介紹於下：

夏路哥氏三階級

（甲）夏路哥氏的三階級

- （一）不隨的狀態
- （二）昏睡的狀態
- （三）睡遊的狀態

（一）不隨狀態（或稱止動狀態）

據夏氏所稱：使被術者注視有光的物體，或是對於歇斯底里病的患者，無意中施與強度的音響或光線的刺激，便會呈這狀態。或對曾陷入昏睡狀態的被術者稍開其眼瞼而用光線刺激其視神經，也能轉至這狀態。

在這狀態的被術者，筋肉硬直，姿勢不變，他的四肢身體盡照術者的暗示而呈不自然的位置。被術者保持所使呈的位置，倘若未得術者用暗示解術使他恢復原來狀態，他自己是不會變動，仍然保持的。例如：術者下暗示使他的雙手高舉頭上不可落下，被術者便雙手舉高，由始至終，不得術者暗示使他將手降落，他自己決不會自動放下。

這種不隨意止動的狀態，施於足部的彎曲，頭部的歪斜，也同一樣，甚至使全體呈硬直造成人橋，加相當重物在他的身上，也不會彎曲。在這狀態不起多大反射的運動，筋肉神經設有刺激，也無顯著的收縮，雖有針刺他的皮膚，也不會覺痛。但雖呈不隨狀態，他的筋肉感覺，及耳的聽覺仍甚靈敏，能接受暗示而表示這般靈敏的現象。

至於姿勢的表現，也能令他相應其心的活動分別表現出來。例如：施與打人的暗示，被術者便舉手作擊人的姿勢，術者在這時更用指尖或用紙條在被術者顏面稍為刺弄，他更會發現忿怒的表情，若施予惹起愁思的暗示，又復發作憂鬱垂頭的樣狀。

從不隨狀態欲恢復通常醒覺，或是再使陷入深一步的昏睡狀態，總聽由術者的主意，如下醒覺暗示，或用口吹其面部，或搖動刺激便可回復醒覺。若使閉合雙目沉靜一時，更由此轉入昏睡狀態了。

（二）昏睡的狀態

要發生這狀態，可使被術者凝視物體，或術者用手指在被術者眼皮上輕輕壓下旋轉他的眼球，或由不隨狀態移入這個狀態。在這狀態的被術者的形狀，雙眼全閉或半開，身體放柔無力，頭部多向後仰，手腕下垂，縱使他雙手舉起，瞬間便自然下落了。至於筋肉神經，頗屬敏銳，對於微細的刺激，便起收縮動作。撒路皮托路耶路學派稱為筋肉神經過敏性。

例如：術者握著他的上臂前面的筋肉時，手腕會屈曲，用指壓其手掌隆高的部分筋肉，拇指會向內屈曲；又刺激顴骨和唇際接連的顏面筋肉，口唇又會向上撮高。大凡對其筋肉有刺激，即起相當反射運動。耳輪是通常不能自動的筋肉，說也奇怪竟會自動。其他如腹部，胸部筋肉，都能鼓動，這是一種特點。獨是感覺機關，也許失卻作用，動作很不活潑，但聽覺以保存有多少感覺。所以術者暗示著他起立，便能起立，不過不很快捷。通常對於一個暗示，須要款段躊躇，才發起動作。

（三）睡遊的狀態

催眠術中最特殊、最有興趣的，就是睡遊狀態了。使被術者注視物體，或用通常暗示方法便可發生這狀態。術者又可輕壓及撫摩昏睡狀態或不隨狀態的被術者的顱頂、額頭，更捻捏其拇指、足踝、膝蓋的關節部分，及用暗示誘其深催眠，必能至這狀態。

有些被術者在受術時自己已會筆直發生這種狀態，不用多費催眠手續。被術者皮膚雖被刺激，不感何等疼痛，這是最顯著的一種特質（間中也有感覺過敏的）。

這時被術者的觸覺，通常有過敏性，閉目也能步行；身邊所置的物品或事情，閉目也能判斷。

記憶作用，也同於感覺一樣敏銳，當中也有遲鈍性的，在催眠中所做作的事件，到了醒覺後總是忘卻，若先時曾投暗示使記憶，那麼，當然對於催眠中的做作，醒後能歷歷如繪。

又陷在這催眠狀態的人，對於以前一回或許久催眠所經過已不能回憶的事情，在此回催眠中便能回想出來。因有這點特性，就很像把前後催眠結成有統系的聯絡。

陷在這狀態的人，精神的活動有時很敏銳，所以人的情緒也非常昂進，或笑或泣，或怒或悲，極易受暗示引起，何種幻感錯覺於此時被暗示誘發起來，很屬容易。又當會發生一種心靈聯通的作用：術者伸手按壓在他頭部，術者和被術者倆，最易興起一種心靈引力關係；這時術者

普列特氏的三階級

離開他往，被術者更覺不安，定要跟著術者同行，雖有人攔阻他，他總覺著不去的苦惱。

在這狀態裏被術者只是聽從術者一人的言語，術者以外就是家人父子夫婦的言語和勸導，一概不生關係。被術者尤其對於術者暗示有殘續性的勢力存在；如「明天聞午炮立刻靜默三分鐘」，那麼，到明天午炮一響，雖無術者在旁，他自己不期而然的會靜默三分鐘，在這個時候，是短時間的自陷催眠。

以上三種催眠狀態所發生的現象，是法國撒路皮托路耶路學派所主張的，我們只好借資考鏡，因我們經驗過的初受催眠的被術者不是羅術第一步便能呈出不隨狀態，在出現不隨狀態之前，還有過度的比較為淺的催眠狀態。

（乙）普列特氏的三階級

- （一）淺催眠狀態
- （二）深催眠狀態
- （三）昏睡的催眠狀態

淺催眠狀態　深催眠狀能　敏捷狀態　深昏狀態　深昏的催眠狀態

（一）淺催眠狀態

在這狀態的被術者，是帶有多少昏睡病的狀態。但對於催眠中所做的事，醒後一切都能記憶。凡感應治療暗示的患者十之八九是在這狀態。

（二）深睡眠狀態

這狀態的被術者醒後對於催眠中所經過的事件不能記憶，但是，第二次催眠，則這種忘卻的記憶，又活動於記憶中。這種特異的形情，普烈特稱為二重人格，更分為兩類：

（子）**敏捷狀態**　催眠中有發鼾聲的，但是感覺作用敏銳，筋肉運動力也多。

（丑）**深昏狀態**　一般感覺都脫失了，這是與上類的狀態所區別之點，其他相同。

（三）昏睡的催眠狀態

這種狀態為催眠狀態中最深的狀態，醒覺後，對於催眠中所做的事概不能記憶，再設為第二度催眠，對於前催眠中的事也不能再行記起。

普列特又以這三種狀態之間還有幾種狀態存於其中；但在不知不覺間互相轉化，大要總如以上三種狀態。

（丙）古路池氏（又譯作庫路扆）的七階級

（一）醒覺狀態期
（二）半睡的狀態期
（三）電氣睡眠狀態期
（四）單純睡遊狀態期
（五）洞察期
（六）千里眼狀態期
（七）失神的狀態期

（一）醒覺狀態期

這是屬於催眠最初期，覺得四肢比平常略加沉重，感覺器官還能自由活動。

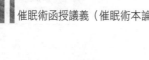

半睡的狀態期

電氣的睡眠狀態期

單純睡遊狀態期

洞察期

千里眼狀態期（或名神明期）

失神的狀態期

（二）半睡的狀態期

眼閉要眠，但未至熟睡狀態，聽官還保持其感覺，未至消失。

（三）電氣的睡眠狀態期

這是屬於極深睡眠。在這狀態中做作過的事，醒後不能記憶。

（四）單純睡遊狀態期

在這狀態，被術者受施術者的暗示影響能談話，能動作。

（五）洞察期

在這狀態被術者的內部意識，非常活動。

（六）千里眼狀態期（或名神明期）

在這狀態被術者的內部意識非常活動，脫離空間時間的束縛，有超越普通狀態以上的能力，能知過去未來，洞察遠離的事物。

（七）失神的狀態期

這是與人事不省假死的狀態相類，呼吸脈搏時隱時現。

李益璞氏的六階級

（丁）李益璞氏的六階級

（一）半睡感的狀態
（二）睡感的狀態
（三）淺睡眠的狀態
（四）深睡眠的狀態
（五）淺睡遊的狀態
（六）深睡遊的狀態

半睡感的狀態

（一）半睡感的狀態

被術者始初在這狀態中，不感暗示和醒的狀態相差一線。

睡感的狀態

（二）睡感的狀態

被術者始初在這狀態中，只能感單純的暗示，可漸呈不隨的狀態。

淺睡眠的狀態

（三）淺睡眠的狀態

被術者的舉動，得受暗示支配，好像玩偶的四肢聽人轉動一樣。但本人自發的精神活動，還未完全休止，能自興起意識，待到興起意識時

深睡眠的狀態

淺睡游的狀態

深睡游的狀態

不接受暗示。出於暗示的活動，會中途停止。

（四）深睡眠的狀態

被術者在這狀態，可是和環境關係斷絕了，他冷熱不覺，他的感覺機能已經休止了，只憑術者的暗示而活動。

（五）淺睡遊的狀態

在這狀態的被術者醒覺後，對於催眠中經過的歷程，尚在朦朧記憶中。

（六）深睡遊的狀態

在這狀態的被術者醒覺後，茫然不能記憶催眠中所經過的事情；但殘續暗示所生的效力，是很充分的。

伯路夏姆氏的九度

始有睡氣之度

（戊）伯路夏姆氏區分為九度

（一）始有睡氣之度
（二）漸多睡氣至眼不能開之度
（三）受暗示發現止動狀態之度
（四）比上深一層之度
（五）受暗示發生筋肉收縮禁止運動之度
（六）和玩偶一樣之度
（七）醒後不記憶但尚未發生幻覺之度
（八）醒後無記憶又能起幻覺之度
（九）醒後催眠中發現的幻覺還有殘續之度

（一）始有睡氣之度

在這時候，被術者眼睛還能睜開，不過始有呼氣，一切止動狀態、五官眩惑及所謂睡眠狀態一概未能表現，要待至某程度才能感應暗示而獲得治療上的效果。

漸多睡氣至眼不能開之度

受暗示發現止動狀態之度

比上深一層之度

受暗示發生筋肉收縮禁止運動之度

（二）漸多睡氣至眼不能開之度

在這程度的被術者，除掉眼不能開之外，其他還是和前說狀態相似。

（三）受暗示發現止動狀態之度

在這程度的被術者，眼睛不論是開是閉，都從術者的暗示發生不隨狀態。但依被術者的意志，能對於本人處在不隨狀態的姿勢，可改變為自然的姿勢。

（四）比上深一層之度

在這程度的被術者，對於暗示所指使發生的不隨狀態，不能依自己的意志變更，即想醒起，也屬徒勞的事。

（五）受暗示發生筋肉收縮禁止運動之度

比上催眠之度更加一層了，此時能被暗示使筋肉收縮和禁止各筋肉的運動。

和玩偶一樣之度
醒後不記憶但尚未發生幻覺之度
醒後無記憶又能起幻覺之度
醒後催眠中發現幻覺還有殘續之度
弗列路氏的三分類

（六）和玩偶一樣之度

被術者身體不自由，好似玩偶給人玩弄一樣。若不得術者暗示放鬆點，被術者終於受縛束不得自由。術者下活動的命令，快能站立、坐、行、走等很活潑的。

（七）醒後不記憶但尚未發生幻覺之度

被術者醒覺後，記憶不存；但仍未能至發現各種幻覺的程度。

（八）醒後無記憶又能起幻覺之度

後來醒覺對於在催眠中做作的事情不存記憶，五官又能起幻覺。但到了醒覺，其幻覺不能殘續有效。

（九）醒後催眠中發現幻覺還有殘續之度

催眠中所現的諸般現象，至醒覺後，還能發生幻覺。

（己）弗列路氏的三分類

- （一）微眠狀態
- （二）深眠狀態
- （三）夢遊狀態

微眠狀態	深眠狀態	夢遊狀態

（一）微眠狀態

在此狀態的被術者，對於暗示能勉強接受，有相當抵抗。

（二）深眠狀態

在這狀態的被術者的筋肉運動已受到縛束，眼當然不能張開，對於暗示很能感應。

（三）夢遊狀態

在這狀態的被術者，能感暗示，當醒覺後對於催眠中所經過的事，全然渺茫，不復記起。

催眠狀態階級的區分，各學者各有意見主張，今只列出以上幾位很有聲名的前輩的分類法使代表一切，其他的意見，也不過大同小異無追求的必要了。但是以上的分類，多有把催眠狀態和睡眠狀態微似有多少混淆，其中因開眼閉眼兩起，便用來作為階級上的分水嶺，未得到純確的鑒定。

在表面上看來，在各個階級有各異的現象，同學們或者以為每個階級的產生，必有每個施術的方法？如此就誤會了！各階級的催眠現象，俱由一樣的催眠施術方法做成功的。被術者受著催眠施術法陷入催眠狀態了，再感應施術暗示一步一步的誘導，才由淺入深經過各個階級完成整個催眠狀態的歷程。

催眠階級的鑒定

然而催眠階級的鑒定，只看被術者的外貌，總難有充分的判斷。要審察被術者的催眠程度正在何階級，必須用暗示去試探，看他的感受暗示至何程度，才斷定被術者滯在何種階級裏邊。如被術者能感應止動的暗示，是被術者滯在不隨的階級狀態。能感應變幻感覺暗示，被術者是滯在深眠的階級狀態。總之要知被術者罹催眠至何程度，必要從感應暗示性進求試探，才有準斷。

所謂催眠的階級，不是絕對的按部就班，循著次序拾級而升的。如感性良好的被術，他一經施術者為他著手催眠，立刻會達到深催眠狀態，這是常慣有遇見的。又感性不好的被術者，只能受催眠至初度淺眠階級，雖經術者極力引導其入較深度的催眠，常不能如意。感性劣的，在淺易感應的試驗，已屬費力，更想使他陷入夢遊或千里眼的程度，尤屬難能。

催眠階級實際不能作嚴格的制度，這不過是學者對於研究便利上面加以分別罷了。況且學者各有各的主張不一致，我們的研究，究竟要靠自己練習的經驗，不要偏執和獨信。

術者施行催眠試驗，如無必要的目的，用不到一定要置被術者在各個階級。初學者以為替人施術要一一實現各階級程度才算成功，這屬誤會了。一經能陷被術者入淺眠階級，這也算走進了成功的範圍。

生理的形狀

第十七章　催眠狀態之檢查法

催眠狀態，雖然可由暗示探查得到真相；但是先未得到被術者生理上的形狀表徵，很唐突地使用暗示，被術者會不生感應的。初做試驗的，苟遇著此種不感應暗示的狀態常引起自己的懷疑，認為失敗的，那

容貌

睫毛

眼睛

手止止動

感應暗示

最會影響以後研究的前途；被術者方面，尤覺滑稽，從此失卻信仰心，再次催眠更費手續了。

陷於催眠狀態的被術者，在生理上原本發現顯著的徵候，應按其徵候而去檢查。其顯著的如下所說：

一、**容貌**。顏面筋肉弛緩，容貌帶幾分呆鈍。生理上若已起腦貧血，他的面色比較在前蒼白些。

二、**睫毛**。被術者開眼時，眼睫毛用指尖輕輕觸動，不多反應的。

三、**眼睛**。或是開眼，或是閉眼，眼珠不常瞬動。

四、**手足止動**。把被術者的手提起，至平伸的位置，術者離手，被術者仍然保持著平伸的狀態，不會即時將手放下；再使局部置於異樣位置，也一樣不會抵抗。

五、**感應暗示**。對於術者所施的暗示能感應。

以上的徵候，是否確實，術者又應細為檢查，因恐有一流不誠實狡猾的被術者，會裝模作樣，來愚弄施術者，因此應加注意。

第十八章　感受性強弱的精神測驗法

初回來受術的人，他的感受暗示性強或弱?雖然依照第五章第六章所說過的可得窺見大概，但那是外貌的鑒察，未算十分完備，還有從精神方面測驗的工作，在施術之前，更應知道的。

感受暗示性強，當然催眠成績好;感受暗示性弱，當然催眠成績差。對付感受性強的與對付感受性弱的不能取同一的手續，待到臨時變更其對付手續，那未免失於倉卒了。所以，在將要施術的時候，那暗示感受性的鑒知，是個重要的前提。

暗示感受性強和弱，根據第五第六章的鑒別，有時有例外的不同，要下精密的檢查，當加以精神測驗法。

第一法

第一法

在施術之前令被術者平心靜氣地輕輕合閉雙眼，和施術者相對面站立著。術者行近被術者身邊，用兩手左右夾著他的身體，緩緩地將他的全體向左右側邊慢慢地交換斜傾，斜傾以至極度；這樣連續做五六次，或七八次。在夾著強制屈曲著他的身體時，中途要忽然放手，故意令他傾跌，待他真的要傾跌，就急急扶住，不要令他真個跌倒。

第一圖

在放手時發現被術者放棄自主，自己不管傾跌，任人佈置，他的感性是再好的沒有了，這就是容易催眠的徵象。若事實相反，堅決保持自己的地位，已是表顯他的感受性低弱，催眠要費工夫的（看第一圖）。

第二圖

第二法

囑被術者站立住，心思平靜，放任右或左任一隻手臂，不管我捉著搖擺，如果覺得上下搖擺無強勉的樣子；又不是順著動向，他先已發動，這確是容易催眠的徵象（參看第二圖）。

第三法

術者伸出右手，豎起第二第三兩個指頭（大指四指五指握著），給被術者以手牢握這兩個手指（一手握定一個手指），再教他緊牢捉住，不要放鬆。術者頻頻擺動這一隻手，示意被術者要堅牢握著，免被指頭脫出。擺動片時，在有意無意之間，突喝一聲，乘機拔脫手指。拔不脫

第三圖

第四圖

或難於拔脫的話，是被術者的意志堅定，他的感應性一定好，當是容易催眠的人（參看第三圖）。

第四法

術者高擎一手，教被術者凝視擎著手的掌心，手掌移動時他的視線要跟隨掌心走，就見得這個人是注意易於凝集的人，是容易感受催眠的人（參看第四圖）。

第五圖

第五法

使被術者坐著，安心息念，不可混雜別的思想。再使被術者抬手，兩手腕接攏相併著，兩手掌伸平向左右極度分開如Y形；如第五圖的手掌還要開張一些。

術者立在被術者前面結態度印（態度印結法詳下章），深呼吸，丹田著力，眼睛看在被術者Y形的指尖上頭。術者不久解除態度印，也照依被術者兩手開張的形狀做成一樣。術者指尖和被術者指尖四手漸漸接觸，待接觸時，術者指尖要起微微的震動和感著弱電一樣，令被術者得著奇異的感覺。這種微弱的震動，術者未經練習做出來的，很覺得粗魯不起快感；靈動法在施術和治療時還多用場，同學們應要注意練習。四隻手的指尖接觸微微震動，始由極度的分張，如═◇═慢慢向裏面合攏如═◇═◇═的形狀；還加以暗示道：「兩掌會慢慢地自己合攏呀！果然合攏了！合！」照這樣試驗，可是人各不同的，善於感暗示和做作忠實的，他便是良好的受術者了（參看第五圖）。

第六圖

第六法

令被術者站定，兩手向前方不高不低的平直伸出，兩掌心相對，兩掌距離五寸，囑他十分著力在指尖。術者離開被術者指尖約一尺，在面前站立著，也伸手出來同樣的平擱著，但術者一雙手掌是輕輕貼附在被術者手背上的，被術者的雙掌當是夾在術者手掌的內面了。術者手掌發生微微的電震，凝集心力，眼睛注視著被術者的兩掌；更暗示道：「雙手漸漸要合攏了，合呀！合呀！緊緊合著了！」被術者果然自然而然慢慢地合起掌來，這位被術的人，是優於催眠的了（參看第六圖）。

第十九章　催眠施術室

設備的條件

催眠施術的地方怎樣，影響於催眠的成績很居重要，所以職業催眠者，他的催眠室，要具有精極的設備。

它所設備的條件：地方要幽靜，佈置要森肅，令人一進門即要發生敬畏和信仰的觀念。更在鄰室闢音樂間，當催眠時彈奏單調的音樂使被術者凝聽使著觀念集注的效用。光線暗薄，門窗都垂下簾子；至於晚間燈光帶有一種薄藍光線，不會直射被術者的眼睛，更使被術者覺有一種神秘光景。施術室有了這樣的設備，得著間接的助力不少。

普通施術室的要點

至於施術室的外面，多懸掛催眠名家施術照片和施術者已往的成績照片，讚頌的牌匾，及桌上放置病人的謝函，也得有相當的功效。

但是，如同學們只作普通研究員，不以催眠為職業的，施術室倒不定要十分考究，只求其有合於下列的要點，便得試驗了。

一、地方清潔。

二、空氣流通。

三、四圍不甚嘈擾。

四、設備普通睡床或安適的椅子。

五、窗戶太亮，或晚上燈光過亮，當用薄藍布遮蔽。

第二十章　催眠施術法

以上各章所講述的，都是學習催眠術未到實地試驗前主要的學識，至於關於實地試驗，到了本章才得機會講起。這一章當是屬於全部講義最重要的一部分了，也許是成功的關鍵了。

同學們，能以達到催眠成功，或竟不成功，要看在這一章有無心得為分斷；再深說：就是能照本章所講各種施術方法細心研究，多次練習，必定得著成功；不能領悟本章所講的施術方法或只粗淺領會其大意，未曾深刻的研究，或竟輕視了施法以為如此簡單，或雖知道而不曾實地演習；那麼，結果是得不著催眠術的效用。

催眠家的資格

同學們絕不要背違入學時的初衷，那催眠術家的資格，多是從這一章裏頭製造成功的！應該照著決心毅力去練習，那自然會水到渠成，按期畢業。還有一句忠告：初學者練習期內雖有一二次的失敗，千萬不要介意，絕不可中止練習，不要忘卻「失敗乃成功之母」的一句名言，果能反省失敗的原因努力再來，終必得到最後成功的目的。

精神鎮靜的必要

人們平日的意識是很易衝動的，思想是很混亂的，尤其是未明催眠真義的初次受催眠者，當他初來受催眠的時候，觀念上最會發生疑惑不寧的狀態，所以對於這些人施行催眠時先要行一種精神鎮靜法使他精神

精神鎮靜法

坐在安適椅子上

最早的安慰話

集注，觀念停止，然後接著再依施術法誘令入眠，這樣做，成功就很容易了。

精神鎮靜法

令被術者背著光線（光線只好從背後射進來）靠坐安適椅子上（不管什麼椅，只要坐得很舒服，就是適於催眠的椅子），將催眠的意義、催眠的現象、受催眠人的益處，簡簡單單大略講給他聽，先安慰他的衷心。

不待此時來說，在大早未坐椅子之前，出於閒談的口吻說說更好，大約是說

（這是最適於催眠用的椅子靠背可高低前後能搖動的）

領導被術者就坐

閉目靜息聽著拍手

以下所記的話：

「催眠是使人暫時休止一切知覺，出現和醒時不同的狀態，能充分感應施術者所施給的暗示，更加依暗示的效果，而治癒疾病，或培補精神，及得身心無限的安樂。受術不久，一聽施術人的呼喚醒覺，就醒過來的。這是很安全，很利益，比什麼醫治法、培養法還高明的方法。」

坐下一會再說：

聽拍掌鎮靜精神

「現在替你靜心，先把眼睛閉合起來，靜息了心中一切的念想，注意聽我拍著手掌，聽我拍了幾下掌，注意記著，其他的事情，都不要想它，外面一切聲音不要聽它。」

照以上的話的意思，用

深呼吸

言語對被術者說完，於是施術者在旁邊拍著掌（拍掌時響聲不可太高，也不可過速）。拍至三四十下左右便停止不拍了，就質問被術者：

「可知道已拍了幾下掌呢？」

如果被術者答錯了，可重新再拍掌，使他聽著；倘若他答的是對了，也可重拍幾回，好使他的注意堅定地集注，因這樣做作，得到心意專集，觀念不致紛亂。

施行這種鎮靜精神法幾回，被術者精神可是安靜得多，稍停一會，又用下記的話對他說：

「你的精神此時平靜了，再要深呼吸（如被術者不曉深呼吸法，施術者做一個深呼吸的模樣教他模仿）。氣入時默記為一，氣出時默記為二。又氣入時默記為三；氣出時默記為四，……這樣乃至二十次呼吸。」（不限定二十次呼吸，呼吸多些少些也可）

如被術者照著做畢（再使深呼吸三四十回也行），接續下法命他睜開眼睛（如用撫下法沒有開眼的必要，便不用開眼），然後用以下所定的施術方法，為他施術。

如若不用拍手法去鎮靜精神，只教他閉目靜聽遞近耳邊「息近息近」響的時表聲音；或靜聽牆壁上懸掛著時鐘擺動的音響，一樣有效的。又可只教他靜默計數，由一計至一百，滿一百再從頭由一計起；或使本人計算自己的呼吸，如前計數一樣計算也好。有時靜聽著施術者口中呼出一，二，一，二，的號令，被術者聞到一，將手掌開放，聞二，緊緊握著，或一面在交替開掌握掌時，一面再開眼閉眼相應，這都是最好的鎮靜精神法。

感受性優良的被術者，或曾受催眠成績良好的被術者，可免用精神鎮定法，得以筆直給他催眠。有些被術者，原來感性良好的，施以鎮靜精神時他竟會因之入了催眠狀態。

催眠方法，下面舉出十個，實際不止這十個，但在這裏不宜多將方法寫出來，只好將比較好，容易施行的寫出。這十個方法當中，因施術的便宜上，任人揀出一個來應用，就能以置人於催眠狀態了。

第一法　凝視靜止催眠法

凝視靜止催眠法

使被術者背光坐著在柔軟安適的椅子上，遇著不堪久坐的病人也可使他仰臥床上，這是一樣的施術。囑他暫時閉目。

施術開始

施術，這才算開始，對被術者首先施暗示說：

「催眠是毫無危險的，也不會把人捉弄，請安心聽從我的說話，這是對於你的身體精神利益很大的，待入了催眠狀態時，就覺得很舒服，很快樂了……」

凝視靜止催眠法

說話講完，施術者伸直右手的食指（第二指）和中指（兩指分開，勿併攏在一起，其餘的三指屈握），提高手擱置被術者眼前，手指指正被術者兩眼約距離六寸至一尺遠，比眼平視線高三寸，左手掌輕輕地壓著被術者的頭頂，不要使他動搖，這樣佈置好，才下暗示，令被術者雙眼睜開來凝視伸豎的兩個指頭尖。

「我放上兩個指頭在你眼前，請你定眼看望著我這兩個手指尖，不一會眼睛自然要合閉了，精神恍惚間便會成了催眠。」

凝看了指頭一會，接著又說：

「你的精神沉靜了，眼睛極想閉合，那麼竟閉合起來吧！」

這時被術者的眼睛是不是閉合起來，不必管他（如閉合起來了，便又命他睜開），手指遞近一些，再有如下的暗示：

「定神地看著這兩個指頭，不要想其他事件，看著越法著睡氣了。」

術者同時將自己兩指慢慢移動，或遠或近，或高低左右，或描圓圈，要注意被術者眼光跟著凝視。手指漸遞漸近，離眼只三幾寸。到了發現被術者的眼睛帶有倦困有睡氣的樣狀，使用這兩個指頭更遞近接觸被術者的一雙眼瞼上輕輕地撫抹，再施以下的暗示：

「如今你要睡了，眼睛閉止了，不能張開了，要入催眠呢！」

「精神很安靜，十分想睡。」

又停幾秒鐘的時間，術者用著帶有決斷語氣兼有勢力的暗示說：

「眼真不能張開了，入了催眠狀態了，你試把眼睛睜開，一定不會睜開的，可安心睡覺吧，還須聽著我說的話。」

陷在催眠狀態

這時候，被術者受上面誘導入眠的暗示，頻頻投注，必定興起感應，會陷在催眠狀態。倘至此時被術者心境尚未安靜，為思想所擾，還未陷入催眠，便使他開眼再來凝視四五分鐘，或再施暗示撫下法，這時即使感性欠佳的人，也要進入催眠狀態了。

被術者已陷入催眠狀態時，施術者對他試驗何種現象，都可使用暗示向他投射。此時被術者很能依照暗示所命令一一活動實現出來；換句話說：催眠中被術者的觀念、心意都受施術者暗示所支配了。例如：施

止動的試驗

術者想試驗止動狀態，最先的是試驗察看他是否尚能開眼，可暗示道：

「催眠了，催眠了，眼睛不會張開了，試張開，徒勞吧，那裏會張

得開呢！」

果然見得被術者眼瞼微微震動有欲張不得的樣子。也許更可說道：

「越想張開眼瞼，越是緊緊黏牢一般不會開張的，你試用力儘管去開張它吧，沒法子哩！」

如此更見得被術者很費力地竟不能張開眼，到這更可活用暗示再去試驗其他。如：

「雙手緊貼在胸前，已成固定不能移動的了，他人來把你雙手牽扯，都牽扯不開的。」

果然，別人用力把被術者的手牽扯，那裏會扯得動，又暗示：

「雙手可以移動了，但兩手此時緊緊覆在額頭上（或膝上，如臥著受術，使雙手緊貼兩股），又固定不能移動。」

被術者受這暗示，又把雙手離開胸前，擱在額上，或置在膝蓋上緊地覆著不稍移動，雖受他人牽扯也不肯動，一直要等到暗示取消了這種止動，才得自由。或又教他一手或雙手伸至平直時，暗示不會動，不會落下，或令握著拳頭不能開放，兩掌合攏，牢不能開等。如被術者的舉動不活潑，施術者可用手幫助他的舉動，完成其一次的動作。又如暗示：

「把口張開！張大些！張大些！」

被術者果然把口張開至極度，術者又暗示：

「好了！口張開不能閉合了，試閉合看，一定不能閉合的，還是要張開。」

被術者也能感這暗示了，在後須要術者暗示他閉口，他才能把口閉合。

在張大嘴巴時，還可叫他將舌頭伸吐出來，使他不能縮入口去，或將頭向左或向右傾斜，不能端正。被術者睡在床上，使身體緊貼床席不能轉側起床，腳伸直不能屈曲，都可以試驗。

以上各節試驗，不必定要一一連續施行，也不用被術者一一感應才算成功，被術者，能感應一二節止動的暗示，已得顯知被術者已陷入催眠狀態了。假使被術者對以上一切的止動暗示，完全不感應，那就是被術者還沒有到達止動狀態和程度，應要再用暗示誘導至較深一層催眠（誘導深眠法，參考二十一章），在後再試驗他，看能不能感應。

被術者如對初淺的止動的暗示，還未能感應，當然對於較止動為深的影響感覺的暗示，更不能感應了。但是，初度暗示見被術者不感應，不可半途停止，不要認為失敗，應重複施行誘導入眠的暗示，再次來試驗，常會在第二回試驗的成績要比第一回好。

影響感覺的試驗

術者想施術影響被術者，感覺靈敏或遲鈍的試驗，便暗示：

「有小蟲在你的手臂上遊走，很覺得發癢嗎？怕它還會咬人呢！」

術者更用一羽雞毛在被術者手臂上輕輕掃撥，被術者倒真覺遊蟲走過，癢痛不堪似的。還常常動手作撥除狀，真會引人發笑。更暗示：

「你伸出掌來，掌上放上冰塊很凍呀！你也覺得很冷呢！冷呀！……」

術者只是用著一塊玻璃片，或是瓷片、木片、火柴盒擱在被術者掌上，那裏是冰塊，被術者錯認作冰罷了。他雖然是錯認的，但他手上感覺的冷度和難受，要同真的一樣。又暗示說：

「你身上不論何部分，皆無感覺，不論遇著什麼刺激都毫不覺著了。」

刺針試驗

術者說罷，就用指揑起被術者臂上的筋肉，用細長的利針從橫貫穿，被術者竟全無知覺，毫無痛苦。針要消毒後才好用。消毒法，可放在滾水中滾過，或用棉花醮火酒拭淨。在發現二重人格時，才行針刺試驗，更見得謹慎。

錯幻感覺的試驗

再試影響錯幻感覺的試驗，給被術者一張字紙，同時暗示：

「這是十元的鈔票，把這張鈔票收藏起來。」

當時被術者看見這張字紙當真是一張鈔票，一直就藏在衣袋裏，沒有思疑到是假的。又暗示：

「你手上已搽了上等香水，氣味馨香得很，試嗅你的手吧！」

這時術者只是用清水搽在被術者手上，被術者嗅覺已感同暗示所說真覺有香味。

術者用杯冷開水使被術者飲，暗示說：

「喝了這杯糖茶吧！」

被術者飲時像很有滋味一般，還顯出願意再飲的樣狀。飲至中途，急改語道：

「這杯是鹽水呀！那裏是甜的呢！」

被術者，就止口不喝了，有時會吐出來。又暗示說：

「你的好友某女士來了，她立在你面前，可看見麼？」

被術者真見有她立在面前，還呈出要起迎的模樣。術者又暗示：

「她有事去了，她晚點再來。」

這時被術者，不見他的朋友，只好仍舊坐著。試驗到此程度，要被術者張開眼睛才見到他的朋友（不張開也感到一樣），但是叫他開眼時不要令他誤會以為開眼就是醒覺！要預防這個錯處，可在叫他張開眼睛之前，多說一句：

「我叫你開大眼睛，你仍然是深眠著的。」

那麼，就是叫他張開眼睛去捉鳥，捕兔，踢球，也答應去做，不會因此誤會而醒覺。

以上試驗的暗示，不過略舉多少條例，其他還有同類相近的試驗很多，不能一一說出，到同學們自己試驗時可臨時擬定。

施行如上暗示的試驗，必要催眠被術者陷入催眠狀態，按其催眠程度深淺，分別施行，才得見效，不然，暗示就變成兒戲，全失卻暗示的價值。

施術時的暗示活用法在這裏已詳說過，以下簡說一些。

第二法　暗示撫下催眠法

暗示撫下催眠術

開始的暗示

在施行這法之前，先令被術者行精神鎮靜法安坐椅子上，合閉了雙目，行深呼吸，更使默記其呼吸度數至二三十回。術者令被術者注聽拍手的聲音使他的精神安靜，一心受術（聽拍掌在先，深呼吸在後是一樣），隨後暗示說：

暗示撫下催眠法

「現在你的精神極安靜了，雜亂的思想停止了，總要聽我的說話。」

這時正式開始施術了，術者站在被術者面前距離一兩步，統一精神，隨後行近齊伸兩手，兩掌略為停覆在被術者的前額或相離前額幾寸，再暗示說：

「如今開始催眠，心中要安靜，切勿思想別的事情。」

術者把兩掌左右分開，手指尖接觸著被術者左右顳顬部（眼尾太陽穴）輕輕撫壓趁勢向下撫，連撫連壓幾回，隨後其指尖由顳顬部撫至耳後，至頸，至肘，至臂，再則至腕，至指。返復又由顳顬部同樣撫下十多回，一面又暗示說：

「腦力須默注在腳尖，使頭部血液順著下降吧。」

施術的暗示法

又連續的撫下，但撫下可改由額至顏面至下巴，至喉頸，至胸腹，至股，至膝；這樣返復施行（這樣向著顏面的撫下，和上邊說過分手向左右顳顬部的撫下，兩者交替作用也好）。又加暗示說：

「你如今精神恍惚，快要睡去了。」

稍停幾秒鐘後，又暗示說：

「心已很安靜了，很會照著我說的話眠去，這於你身心上極有益處的，放心眠吧！眠呀！」

撫下法，始初用手指尖觸及被術者，稱為「觸撫」；觸撫後，可行「離撫」。離撫：即是術者雙手撫下不觸及被術者身體。關於撫下的詳細，看二十二章圖解，說得更分明。再暗示說：

「如今陷入催眠了，眼睛絕不能睜開的，心境很沉靜；聽到我的說話很真切，還忠實地做去。」

又徐徐地撫下，此時術者精神罩住被術者，所抱持的觀念，決計要置被術者入催眠，別樣的事情，一概不得旁涉；倘見被術者已形容出陷入催眠的狀態，再暗示：

「你雙眼不能睜開了，你試為睜眼，果然不能睜開了。」

被術者雖想把眼瞼略睜，總是費力不過。又暗示：

「眼真不能睜開，可把右手提高。」

被術者果把右手提起。術者待其提起至平伸時，又暗示說：

「把手提到此處要止，手臂已成硬直，再不能提高了，也不能放下了，試動動看，絕不能活動了。」

被術者果感受了這暗示，手平伸不能動，此時被術者確已是催眠了，此時術者可逐次照第一法所舉的暗示條例施行試驗。

倘若術者所施給的暗示未見被術者充分感應，這是被術者自動的精神還未停息，應再用撫下，更添暗示，終究引導陷入催眠狀態方止。

第三法　呼吸氣喝催眠法

採取這個方法施術，要使被術者坐著有靠背的椅子上，頭要正，腰

開始的暗示法

要直，兩肩向後張，使胸部寬展，不見狹縮；然後令他行深呼吸，即是令他輕閉口唇，由鼻孔慢慢地吸入一道氣息，至不能再吸時，將氣慢慢由口隙吐出，算做一回深呼吸，但要完全出於自然，不加勉強，這樣令被術者連續深呼吸三幾十回，更使被術者自己心念應注意呼吸的次數，暗默記著，不得胡思亂想。

被術者深息至三十回，或四十回。術者對他暗示：

「你的精神很安靜了，快要催眠著，只聽到一個響亮的聲音，立刻就完全陷入催眠了，還感到很多愉快呢！」

這時被術者行過多回的深呼吸，覺得精神沉靜，身體弛緩，已不耐挺腰正坐了，便可聽他隨意靠坐，行普通呼吸。在術者方面，在這一個時間，也是同要深息，使令自己也統一精神（統一精神法，在平日應加練習，以備臨時使用）。眼光注視被術者顏面，乘一回極度的深息，將息氣停蘊在丹田，從丹田迫出聲音連續喝出兩三聲：「噎！」的聲音（喝聲時更可舉手由上望下一斬），急伸手按著被術者頭上暗示說：

施術的暗示法

「陷入催眠了，可安心深深地眠。」

「在催眠中很能聽從我的說話，照樣能做出來，請安心靜息五分鐘！」

感性好的人，經過深呼吸後，更添施術者氣喝鎮壓，即要陷入催眠。此時施術者再行止動暗示的試驗，必能起感應。如術者不繼續加以暗示時，他竟由此轉入睡眠，待到酣睡足度，自己會自知醒覺。

深呼吸運動

深呼吸運動

如在施術之前，鑒知被術者是感性低劣的人，就不可即時教他安坐椅子上，要先使他直體站立著（身後是坐椅），極度地深呼吸運動，即是慢慢用鼻吸取空氣入肺，至極度滿足時，才慢慢儘量吐出，呼吸間稍加勉強。同時，一面吸氣，一面腳跟提高，趾尖著地，一面雙手向前平伸，伸至平度時兩手向左右分開；呼氣時，一面呼氣，一面兩手從左右極度向後成括弧樣下降，腳跟也同時著地。

這樣算一回的深呼吸運動；但這一種呼吸和運動不要中間稍為停頓，要一氣貫串做，連做二三十次。術者站在面前先做做模樣，才使被術者照著做也好。做完教被術者坐下椅子，照上面的說話給他催眠，那麼，感性低劣的被術者，也有救濟了。

這方法對於身體強健的人施術，很合用的，但對小孩施術是不相宜的，因小孩一來未曉深息，二來不便受氣喝鎮壓；對於婦女也不宜用。

第四法　默靜轉睛催眠法

被術者坐下，經過精神鎮靜法之後，跟著採用這法時，可暗示道：

「請緊閉雙眼，眼睛在眼眶裏面不停地慢慢旋轉，這樣最容易眠去的。」

停一會再暗示道：

默靜轉睛催眠法

「不可停止眼珠不旋轉。」

「眼倦了，著睡氣了，但仍要不停地旋轉眼珠。」

術者一面更用手輕輕按在被術者眼皮上順著眼睛旋動方向揉擦。發現要入睡的狀樣，不久自然停止眼睛旋轉，還暗示道：

「到了催眠狀態了，眼睛此時睜不開的，想睜不能了，試睜睜看，睜不大的。」

眼睛果然張不開，已輕陷入催眠狀態了。

第五法　淺麻醉催眠法

這個方法，是借仗一個光輝的物體，如水晶球、寶石、新銀幣、金鈕、電鏡等物，使被術者定睛看著，被術者注意固定於器物上，漸漸發現疲倦，不久就閉目成眠了。如果備有本會所製的催眠電鏡使用比較更好。

在一面凝視，一面所施與的暗示，可參照上面第一法。至到被術者閉眼已呈淺催眠狀態，就捨去用器，再依撫下法和暗示誘導，更能促進深眠。

不論使用何種光輝器具使凝視入眠，目的原不是要使被術者眼睛極感疲勞，迫得合眼入睡。不過要令被術者觀念集注，精神容易統一而已。所以凝視用器不宜歷時過久，常受催眠的人，尤不可多久凝視。

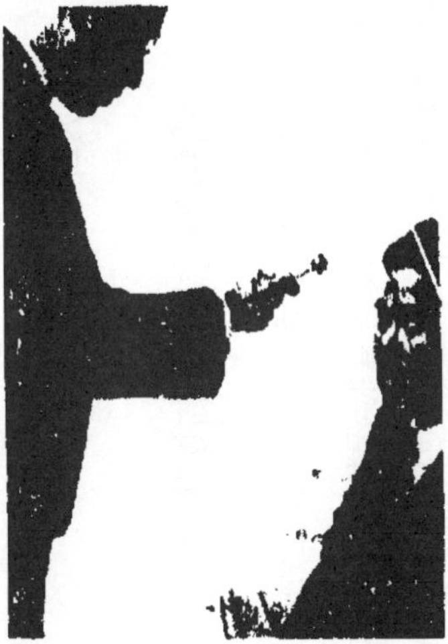

淺麻醉催眠法

至於有時在施法上認為必要歷時久些的，那麼，久點凝視，因疲勞過甚，眼淚流出，瞳孔散大，就成為深麻醉催眠，眠的程度比較更深了。

第六法　深麻醉催眠法

深麻醉催眠法

經過鎮靜精神之後，施行這方法，要分為坐著受術和臥著受術兩法。坐式的，是施術者和被術兩人對面坐著，兩人兩雙眼睛緊緊看著，術者兼且用兩手的手指各夾著被術者中指微微顫動，一面加以暗示誘入催眠。

臥式的，是使被術躺在床上，或催眠治療椅上，施術者立著，或坐在被術者頭頂旁邊彎身面對被術者，也是兩人兩雙眼睛注意看望。術者更可雙手輕夾在被術者頭部兩側，微微震動，還加以暗示誘令入眠。倘遇被術者視力極強銳的，術者為避讓強烈注視，所以暗中不要看望被術者的瞳孔，只要看在眉心。暗示的話如：

開始的暗示

「請專心看著我眼睛瞳孔。」

深麻醉催眠一

深麻醉催眠二

被術者，注視已經三四分鐘後眼瞼使發現震動要閉合了，術者又暗示說：

「不要閉目，再注意點看著我的眼瞳，快要入催眠了。」

被術者勉強又開眼注視術者眼睛，不多時又想合閉，此時術者可任由他合閉雙眼，自己也閉目休息片時，再來暗示說：

「請再開眼相對看著，心中不要想念別的事。」

照這樣良久相視漸漸睜眼不開，眠的程度，是很深的。

可以給被術者脫齒，洗瘡，局部輕易手術，不知痛，所以稱做深麻醉法。

第七法　壓腹催眠法

使被術者寬解衣服鈕帶，仰臥在床上，或躺在催眠活動椅子上，經過鎮靜精神後片刻，閉目柔緩呼吸，任術者用手掌時輕時重地按壓腹部，此時被術者的注意全注集在被壓觸的部分，血液也由頭部下降，腹部血多。術者又須提起精神心處暗示。這樣被術者不久會精神安靜；陷入催眠狀態時，可以停止按壓。

應用這個方法，術者方面，最好有靈力發顯的修養成績，手掌起一種靈動有使被術

壓腹催眠法

者受壓而發生快感。這個方法，可以適合病人或胃腸病、便秘、月經閉止的施術。

一面按壓，一面應用暗示：

「現在很覺愉快，心意舒服安靜。」

「精神恍惚，快入催眠了。」

停片時，又暗示：

「精神更加安靜，安心入眠。」

「已陷入催眠——深深眠著——在催眠中聽從我說的話。」

其他試驗的暗示，可酌量自由擬用。

第八法　交替緊張緩弛催眠法

先對被術者說明如下的話：

「聽見『一』的口號，把四肢筋肉緊張，用力挺直，此時注意凝集在腳趾尖。聽到『二』的口號，才把四肢筋肉弛緩，全身力量放鬆。再聽呼『一』又復這樣把四肢筋肉緊張；聽呼『二』又是把四肢筋肉弛緩。」

使被術者寬衣解帶，仰臥床上，或躺在催眠活椅中，閉目深呼吸幾回；並說：一定要將所有心念止息，萬勿記起別樣事情，只是著意在腳趾尖或手指尖！呼口號了，要忠實地照著做！見被術者已深呼吸十餘回，便呼聲『一』，見被術者四肢用力緊張，再用手向他的手腳撫按片時，方才呼『二』，使被術者四肢筋肉緩弛。照樣多做幾回，暗示道：

交替緊張緩弛催眠法

「全身柔軟，精神愉快，將成催眠了。」

停半分鐘，又呼『一』，使被術者四肢筋肉又極力緊張。後又呼『二』，使被術者四肢筋肉緩弛，全身柔軟。照此施行十餘二十回，見被術者帶疲倦的樣子，又暗示：

「全身筋肉緩弛，精神安靜陷入催眠了，四肢不能再用力，安心入眠吧！」

此種方法，對於觀念難集中的人，可以適用，病人倒不相宜。如果多行幾回至到被術者四肢乏力，挺直甚覺勞困的時候，雖觀念難於集中的人，此時心思也不會亂雜，精神容易安靜，自己就會陷入催眠了。

第九法　結指催眠法

結態度印

結指催眠法，帶著神秘的色彩，富有哲學的價值，容易制服被術者繁雜思念，惹起信仰心，用此法施於具有神道思想和婦女一流，尤其容易感應。施用結指法之前，精神鎮定法用不用？可

態度印

臨時變通。被術者坐在椅子上，只是深靜呼吸，看望術者結指，一心看著和聽著也行。

態度印

態度印：即是結指法中之一個，結印時有提高術者身分和表示施術的尊敬；同時在被術者方面，已增加高度信仰。當被術者在椅子上坐好，術者乃站在他面前離開二尺至四尺，就結起態度印來。結印時，術者身體要十分端正，尤要精神奕奕，勿有一毫頹唐氣象。右手四個指握著，只豎起食指（第二指）用左手加在右手上頭，握住右手豎起的食指，左手食指的指尖，和右手食指的指尖相密接，兩臂膀平擱，結印在胸前，看繪圖便得明白。

態度印

一面結印，一面要精神鞏固，眼睛注視被術者的眉心；同時再囑被術者一句：此時不要想起別事，呼吸要平順。看見被術者可有催眠的機會，就解此印而結催眠印。

精神統一印

精神統一印和態度印是一樣的功效，任術者自由擇用，兩手各把一、四、五、三指頭握定，只將二三指相併伸直；兩手伸直的指頭交加搭在胸前（請看繪圖），這樣稱做精神統一印。精神統一印的意義，就是結起印時，術者和被術者大家要精神歸於一致，不要摻入雜念，預備作進一步的受術。

精神統一印

催眠印

在結態度印或精神統一印之際，察知被術者心境清靜時，就解卻它，急急改結催眠印。催眠印分為十動作，每一個動作的形式的持續需時約一分鐘左右。十動作要一氣變化，不可中間卸解。所站位置距離被術者約二三尺，至遠四尺，和結態度印態度一樣。但結印至半中可行近

第一動作

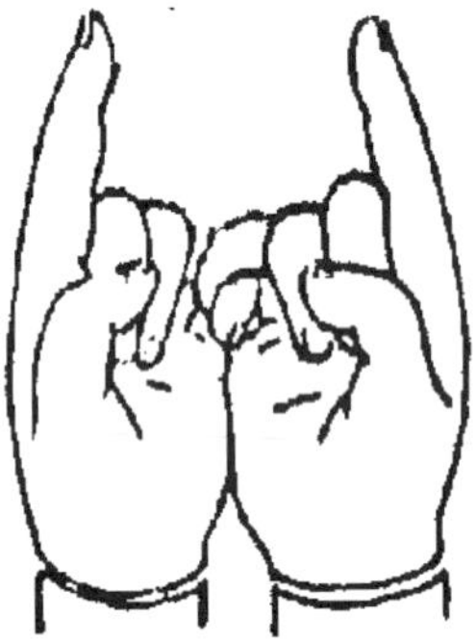

（一）

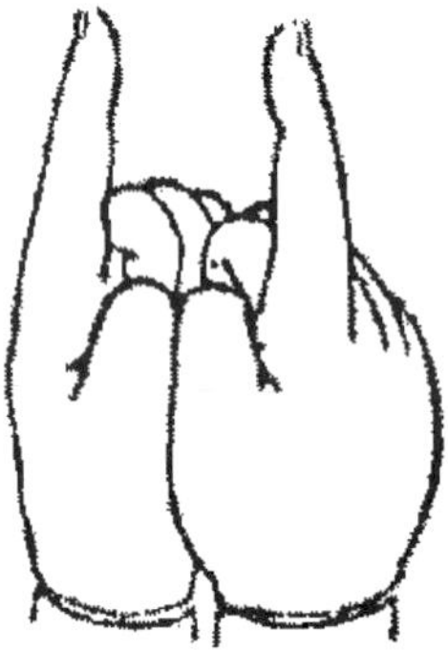

（二）

一些，結至第七動作完，就要行近被術者身前，因八、九、十之三動作，雙手要和被術者顏面接觸。每一次動作要下一回暗示，逐步緊湊，才是暗示法則。十次的暗示語法，如下面所說的，但仍須臨時變通，不可古板拘泥。

第一動作：是解除態度印，或精神統一印，而重新開始所結的催眠印。拱手結在胸前，勿須貼近胸部；兩手的小指相勾搭，三四指握在內，拇指握在外，只有兩個食指指尖向天一直豎起（如一圖）。暗示說的：「現在為你施術了，請你自起至終都要注意依服我的說話，你要完全解放心中的想念，心中

第二動作　第三動作　第四動作

（三）

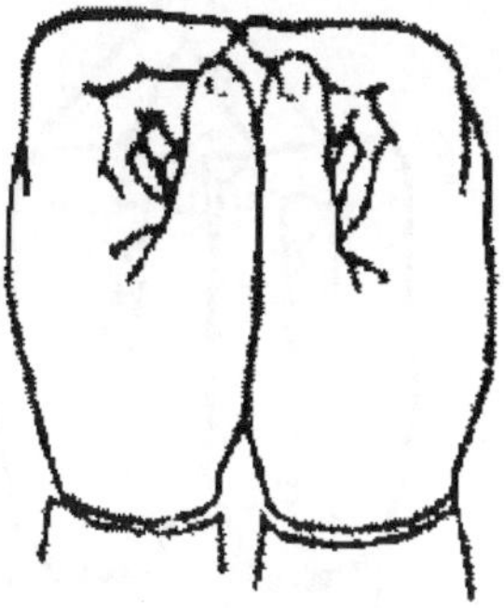

（四）

只是有著樂意享受催眠的益處就對了，這樣很快就眠著呀！」

第二動作：由第一動作略為改變，所異的第一動作的一雙手背平列前面，第二動作的手背各向左右向（如第二圖）。暗示道：「請你慢慢柔和深長的呼吸，快要眠了！要眠了！」

第三動作：小指仍然勾搭住，二、三、四指屈握，拇指頭直（如第三圖）。暗示的話：「眼倦了，很想眠了，眼倦得很！」

第四動作：和第三動作略同，所差的小指不用勾搭，掌中空虛。暗示：「倦極了！倦極了！要眠呀！到此時該

第五動作

第六動作

第七動作

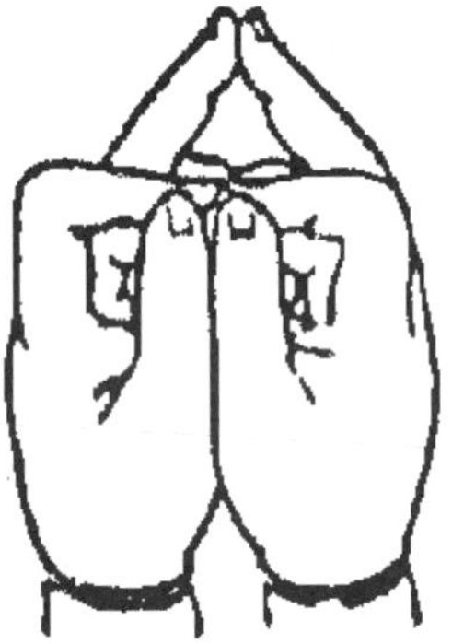

（五）

（六）

要眠了！」

第五動作：如第四動作；但中指指點相合如人字（如第五圖）。暗示道：「眼倦極了，極要眠了，勉強睜大眼睛吧，再睜大眼睛呢，耐不得！更加疲倦！要閉合眼睛了！睡氣真大。」

第六動作：改變半開掌向外，四五指分張左右兩邊進前一步(如第六圖)。暗示：「我結指的變化越多，你越想眠了，眼瞼漸漸緊壓下來了，呼吸更要深長些。」

第七動作：兩拇指食指四指甲相合組，三四五指同手掌極度向左右張開（如第七圖）。暗示：「清靜快樂適

第八動作

第九動作

第十動作

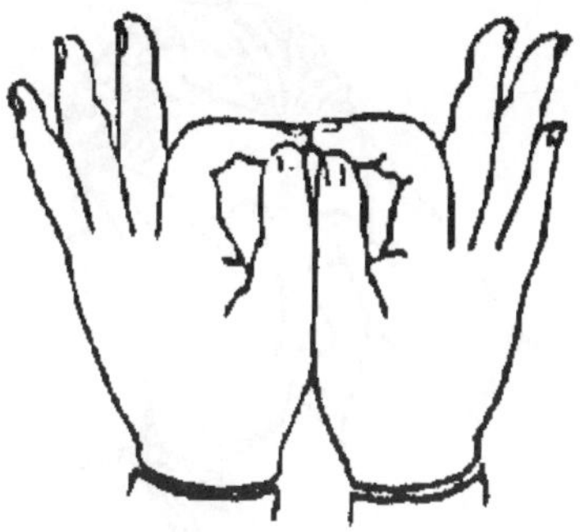

（七）

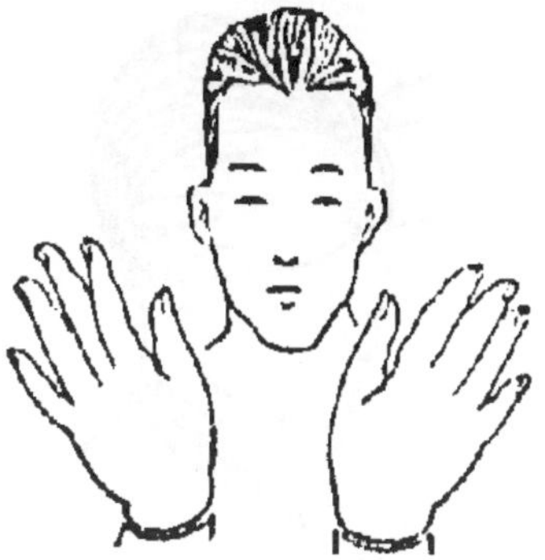

（八）

好安眠，眼瞼張著十分吃力，可以眠了！」此時可更進一步行近身前，預備下次接觸的動作。感性強的被術者，此際奄奄待睡了。設遇感性弱的，可持續結印時間久些，及變通暗示用法。

第八動作：兩掌分張，離近被術面部數寸。暗示：「睡氣越深了，閉目眠呀！」

第九動作：兩掌接壓被術者的顳顬部，微微震動同摩擦，此時真閉目入眠了。還暗示道：「眠了！安心眠呢，心境真暢快，眼無用開了，深眠吧！」

第十動作：兩手拇指順擦眼眉下及上下瞼，輕輕揉挪眼珠十幾回。暗示：

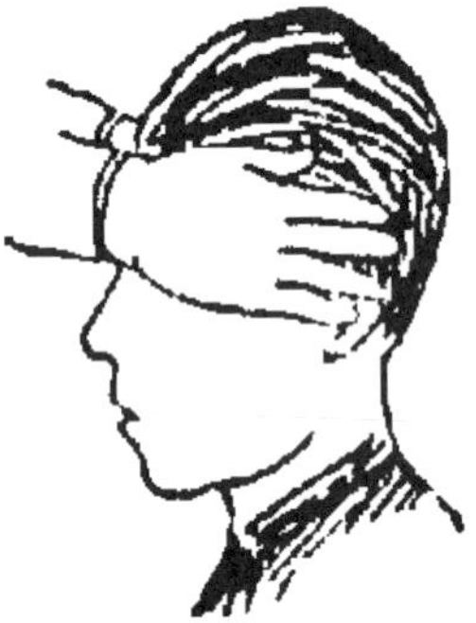

（九）

宗教式催眠法

（十）

穿術衣

「眠著了！深度眠吧！但是我說的話，聽得很明白哩。」被術者果然眠著，施法便告終止，大概已經導入催眠狀態了。要試驗遊戲或是療病，此時只管按照方法去做。

第十法　宗教式催眠法

這法是模擬宗教上的祈禱或經咒的方式，使被術者興起神秘觀念作用，因以陷入催眠的方法。但是對於智識階級及無宗教信仰者不能適用。應用第九法及第十法時，最好穿著術衣（術者特製的衣冠）。

對於一部分信仰佛教者施術，可供

術衣之一種

設佛座，使令相對佛座趺坐，低聲念佛號「南無阿彌陀佛」，施術者在旁，也同聲宣誦佛號，有時雜附暗示誘導，或加以按撫等法（參照上法），導入催眠狀態。

對於一部分耶教信徒，可令默靜祈禱，誦《聖經》若干章，加以撫按及暗示，乘機導入催眠狀態。

其他各宗教，各有他的儀式及習慣等，臨時不妨見機使用。

對於一般神道思想的人尤其是女流，先用下記的暗示語意告知：

「誠心靜聽咒文，別的事勿管，一會兒就睡著了。」

被術者坐著，或臥著，輕閉雙目，深呼吸，諦聽著咒文（咒文錄後）。

催眠咒

爾將騎麟遊八荒，仗劍披髮肆佯狂。奈有虎豹與豺狼，阻爾道兮絕爾吭。無端鬼蜮弓矢張，令爾形神將焉藏。你將乘雲歸帝鄉，上有神明質在旁。天軍威赫舉欃槍，當關莫與開宮閭。爾時形神疲且僵，其將何以厭所望。爾惟斂息寓安詳，搜斬六賊神始王。下至泉壤上穹蒼，風雲呼吸，星月低昂，靈赴杳冥，變測陰陽。爾時仙可遇，佛可將。斬屍具慧劍，返魂聞妙香。是爾安息入定，頂足圓光。爾安爾意，爾息爾想。誦持此咒，毋涉荒唐。顯在之神悠然逝，潛在之神永且長。譬比桐落秋風涼，譬比葵藿心太陽。此咒臨時念一遍，催眠神術應無疆。

安息咒（作催眠咒用）

有滅有生，有生有滅。精神潛在，先賴安息。不息不安，不安不息。即息即安，即安即息。息息相關，安安而一。安之息之，通微徹極。即說咒曰，安息之咒，是大神咒，是大陰咒，是無上咒，是無等等咒。

安息咒（同樣用）

赫赫陽陽，日出東方。星月隱晦，宇宙祥光。精神潛發，哲理顯彰。靈性安息，嗜欲逃亡。默持此咒，精進神方。下入渺冥，上極帝鄉。如跨鸞鳳，以翱以翔。謂予不信，試身先嘗。

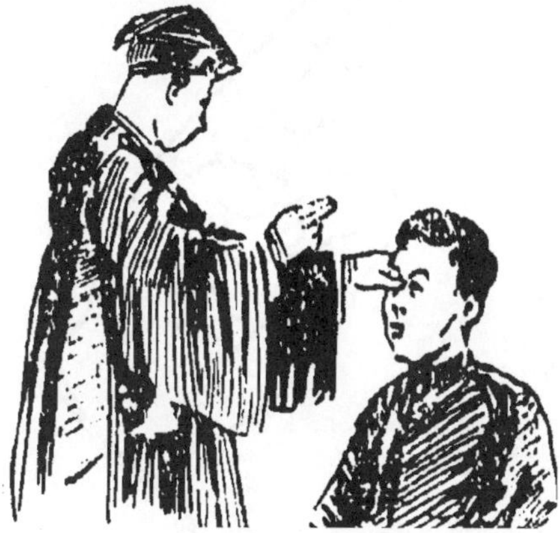

真言催眠法

（施術者穿的是一種術衣）

上記咒文，返復念幾回，見被術者精神已注集，再添誘導入眠的暗示，那就催眠著了。

使用此法施術，態度要極嚴肅，衣冠要整潔，先結態度印或精神統一印，在後伸左手用大拇指壓著被術者眉心，其餘四指按住顳顬

刀印

刀　印

部，右手作刀印指正被術者面前，才念動咒文，使被術者諦聽。刀印結法：是將第四第五兩指屈入，大拇指壓在該兩指上，第二及第三兩指相併伸直（如圖）。

咒文自然要在平時熟念，口調要流利，能用梵音誦最佳。

真言催眠法（即咒文）是不常用的，因神道的色彩太深，易於惹起誤會，倘認為必要時才好使用。

欲避免神道嫌疑，可以「唱歌」代「咒文」使用。即由施術者施術時一方面用著撫按等法，一面唱歌，又可在隔室另由一位助手按琴兼唱歌也行。歌文及歌譜附記於下。

4/4

催眠歌

C調

2・3 2- / 25 32 10 / 5 5 1 1 / 51 23 20 /

催眠 催眠 復 催 眠 君心其無 常 懸 懸

5 4 5 4 / 54 54 20 / 5 4 5 4 / 24 32 10 /

神定守舍 還 專 一 寧靜弗擾 塵 俗 緣

5 5 6 6 / 3 3 2 0 / 1 3 2 3 / 23 21 60 /

與君試述 催 眠 理 非關魔術 並 惡 計

2 61 2 61 / 2 3 2 0 / 5 4 3 1 / 25 32 10 /

古今 神聖 收 奇 功 不外正心 與 誠 意

2・3 2- / 25 32 10 / 5 5 1 1 / 51 23 20 /

正心誠意 果 若 何 先平呼吸 歸 緩 和

5 4 5 4 / 54 54 20 / 5 4 5 4 / 24 32 10 /

後再閉目 凝 神 思 暗示手續 一 一 過

5 5 6 6 / 3 3 2 0 / 1 3 2 3 / 23 21 60 /

莫念自由 權 忽 失 莫道軀殼 同 呆 物

2 61 2 61 / 2 3 2 0 / 5 4 3 1 / 25 32 10 /

身心 平復　泰 然 交　自有真靈　活 潑 出

2·3 2 - / 25 32 10 / 5 5 1 1 / 51 23 20 /

除君痼疾　尤 其 餘　治君劣性　亦 復 徐

5 4 5 4 / 54 54 20 / 5 4 5 4 / 24 32 10 /

惟茲灌輸　真 絕 學　使君霍然　愈 大 愚

5 5 6 6 / 3 3 2 0 / 1 3 2 3 / 23 21 60 /

故我歌兮　揚 復 抑　雖鼓金琴　弦 不 急

2 61 2 61 / 2 3 2 0 / 5 4 3 1 / 25 32 10 /

要使 君神　疲 還 舒　要使君念　紛 而 一

2·3 2 - / 25 32 10 / 5 5 1 1 / 51 23 20 /

君其聽我　施 暗 示　與參禪機　理 一 致

5 4 5 4 / 54 54 20 / 5 4 5 4 / 24 32 10 /

心無明鏡　亦 無 台　佛樹菩提　安 在 是

5 5 6 6 / 3 3 2 0 / 1 3 2 3 / 23 21 60 /

塵埃永見　不 相 侵　流水悠然　幻 妙 音

2 61 2 61 / 2 3 2 0 / 5 4 3 1 / 25 32 10 /

啁啾 翠羽　寂 無 語　美人遑向　羅 浮 尋

2・3 2 - / 25 32 10 / 5 5 1 1 / 51 23 20 /
從知仙佛 自 來 去 仙耶佛耶 偶 然 遇
5 4 5 4 / 54 54 20 / 5 4 5 4 / 24 32 10 /
催眠術外 無 良 媒 催眠術中 有 奇 趣
5 5 6 6 / 3 3 2 0 / 1 3 2 3 / 23 21 60 /
君其默爾 靜 俟 之 會心不遠 是 吾 師
2 61 2 61 / 2 3 2 0 / 5 4 3 1 / 25 32 10 /
成連 海上 終 渺 渺 何曾定與 伯 牙 期
2・3 2 - / 25 32 10 / 5 5 1 1 / 51 23 20 /
況茲催眠 入 杳 冥 理想融融 超 絕 頂
5 4 5 4 / 54 54 20 / 5 4 5 4 / 24 32 10 /
饗君一服 散 清 涼 君獨醉兮 仍 獨 醒
5 5 6 6 / 3 3 2 0 / 1 3 2 3 / 23 21 60 /
我故歌兮 不 厭 長 慰君眠貼 休 徬 徨
2 61 2 61 / 2 3 2 0 / 5 4 3 1 / 25 32 10 /
琴聲 一闋 得 一 闋 信有神明 質 在 旁
2・3 2 - / 25 32 10 / 5 5 1 1 / 51 23 20 /
然我 歌兮 亦 不 哀 使君頹喪 如 蒙 埃

5 4 5 4 / 54 54 20 / 5 4 5 4 / 24 32 10 /

弱水三千 可 飛 渡 君身終到 仙 蓬 萊

5 5 6 6 / 3 3 2 0 / 1 3 2 3 / 23 21 60 /

自有此歌 術 百 中 電鏡光中 息 群 動

2 61 2 61 / 2 3 2 0 / 5 4 3 1 / 25 32 10 /

自由 神或 笑 在 旁 謂君真靈 成 妙 用

2·3 2 - / 25 32 10 / 5 5 1 1 / 51 23 20 /

及今嘔嗑 複 嗷 嘈 靈風來兮 萬 窮 號

5 4 5 4 / 54 54 20 / 5 4 5 4 / 24 32 10 /

急者睡神 與 俱 去 緩者夢鄉 窮 周 遭

5 5 6 6 / 3 3 2 0 / 1 3 2 3 / 23 21 60 /

大聲小聲 更 無 與 屏除檀板 及 銀 槽

2 61 2 61 / 2 3 2 0 / 5 4 3 1 / 25 32 10 /

金琴 稍理 樂 獨 奏 知君愉快 神 飄 飄

2·3 2 - / 25 32 10 / 5 5 1 1 / 51 23 20 /

然則催眠 術 既 高 催眠之歌 尤 有 勞

2 61 2 61 / 2 3 2 0 / 5 4 3 1 / 25 32 10 /

眠兮 眠兮 眾 靈 胞 心其快與 神 明 交

第二十一章　由淺催眠導入深催眠的方法

誘導深眠暗示的例子

催眠既有程度深淺的區分，因此，催眠的功用，就不得一致了。始初陷入催眠的時候，大概多屬淺催眠程度，由淺眠再沉靜下去，或再加以相當的誘導，才進至深眠程度。人每誤會淺催眠和深催眠是兩個不同的方法；那裏是另有特別不同的法子，也只是使用暗示誘導罷了。今將誘導深眠的暗示，舉幾個例子：

向已陷在淺眠的被術者再暗示說：

「此時睡得很愉快，放開心懷儘管酣睡吧！在後得到妙境更多哩！」

跟著行撫下法，還暗示道：

「呼吸柔長些，放量眠！」

「精神越加沉靜了，雜念都停息了。」

一面又撫下，一面又暗示：

「氣息越加柔順，精神越加安靜，睡氣越深了。」

「須深刻的安眠，很深眠著時的心境很明白的。」

「他人的聲音和別的聲音，一概聽不著，聽著也不要去理會它。」

「如今催眠越加深，你的靈力開始活動了，你很精幹，和平時兩樣，比誰都精明，真令人欽佩。」

稍停一會，又是一面撫下一面暗示說：

「如今催眠很深，四圍音響都不能聽得，只能聽出我的說話，催眠很深！身心極安樂！」

被術者在淺眠時，被這類深催眠的暗示誘導，自然能感應，精神越歸沉靜。催眠程度因此越加深進，可施變換感覺等暗示去試驗，當能收得相當的效用。

有些被術者，在淺眠狀態時，術者不加誘導深眠的暗示，任憑被術者靠在椅子上或臥在床上，不去驚動他，也會見被術者全身弛緩，閉目睡去；但這不是他自己進入深催眠，是他乘催眠的動機，轉入普通的睡眠，此時術者若施於暗示，他是沒有感應得不著催眠的效力。

以上誘導深眠的暗示，不是照例說過一遍便罷，應歇一時再須暗示，加以返復變通的言語，愈為有用。一面又可用暗示命他表現某種動作，和感覺變幻的事件去試驗他，看他是否真能感應。不驗時，不繼續施以撫下及暗示，務誘導到深程度。這樣，感性縱低劣的被術者，也經不上幾回，便能從淺催眠進入深催眠了。

濫觴於美士馬

第二十二章　撫下法

催眠施法中的撫下法，應用上極為普通，這是濫觴於美士馬的按手法，由美士馬到現在，無人不沿用著它。單純用撫下法導至催眠狀態，本來是可能的；用撫下法而結合別的手段以促成催眠狀態，是歷來催眠家的慣習了；如本講義第二十章裏第二法，也是採用撫下法和暗示法的

第一圖

第二圖

結合，可能造成一個善良的催眠法。有時在已成催眠狀態中加以撫下的幫助，很能促進眠態的深進，在前一章已有說過，因此我們對於這撫下法特別看重一些，要另立這一章說說。

撫下方式

第一圖

令被術者閉目，屏息，靜座。這時不要疑慮，不要恐怕，也不用思量別的事情和聽聞別種音響。施術者立

第三圖

第四圖

在被術者前面，也要統一自己的精神。

第二圖

術者開展兩手向前上舉，緩緩舉動，切不可過速，始終要統一自己的精神。

第三圖

兩掌相交搭，略停於被術者的額前，相距約二三寸（或逕直輕輕按加於被術的額頭上，手掌要微微顫動如感著弱電一樣）。

第四圖

兩掌分向頭部兩側空離

第五圖

第六圖

撫下（或從前額移壓他的顳顬部，要順著從上方撫向下方）。

第五圖

由頭部兩側離空順撫而至胸前，強念被術者頭部的血液定必隨著手撫而向下流降（兩掌或接觸被術前胸）。

第六圖

由前胸順勢下撫而至膝部，可當強念被術者的血液下降，腦部貧血快成催眠狀態（兩掌或停壓在被術的膝

第七圖

第八圖

蓋部分）。

第七圖

撫經膝部仍稍向下撫，略略停手，此時術者的動作和姿勢，最宜留意（如屬接觸撫下，至這裏也要離手作勢）。

第八圖

手停片時，兩手作勢一揮，默念被術者的病患從這一揮手而離卻其身體了。一度的撫下法已完成；再要接續如前圖的方法連續撫下十餘回（接觸撫下一樣）。

正式法

二刀法

段落法

電氣法

螺旋法

如上面所刊八張圖樣的動作，是整個撫下法的方式（即正式撫下法），在於催眠施法，或促進深度催眠，或行治療時所應用的；按圖附有解說，想必看得明白了。還有一種變式的撫下法，更分寫在下面，以應臨時變通使用是了。

正式法：術者用兩手掌撫被術者，由額前起，分手壓他的顳顬部一直撫下至手部。再如法從顏面經過胸腹，撫到足部（參照上圖八幅）。

二刀法：此法如同前法，大略改變。就是撫下時，屈了兩手的第四第五兩指和大拇指，並著直伸著食指和中指。

段落法：撫下的時候，經過肩頭額角關節部位少停頓一下，停頓時微加壓力。

電氣法：撫下的時候，手掌接觸被術者的身體，如正式法，加上微微震動，好像感到電氣一樣。

螺旋法：撫下的時候，手指作旋螺轉勢，輕輕旋轉摩擦。

電光法：此法又叫離撫法，就是不接觸被術者的身體，照正式法、

欠周到的醒覺

二刀法撫下的法子離空撫下（和婦女施術可採用此法）。

第二十三章　催眠醒覺法

照二十章的施術法置人於催眠狀態之後，待到催眠目的已達（治療的目的，或是某種試驗的目的），隨時可呼喚被術者醒覺過來；吹吹他的顏面，搖拍他肩頭，用指撐開他的雙眼，用冷水噴他面部，熱毛巾覆額，嗅亞母尼亞（Aminoniae），或只是呼喚他，都會醒覺的。但這樣簡單方法令被術者醒覺，未免欠周到。

在淺催眠時，術者一離開了被術者，或稍有刺激，他會自己醒覺，不必由術者施醒覺法。至於深催眠的被術者，經過了相當時間，自己也會自覺了；但是催眠後由被術者自己醒覺的，恐怕醒後精神上帶點不自然，如頭暈疲憊等徵候。

兼且未經解除暗示的束縛，任由自己醒覺，或無理的強他醒覺，常

醒覺方式

第一法

第二法

會變成殘續的遺害，所以安全的醒覺法，要和施術法一樣值得注意。

施醒覺四個方式

第一法

先給以醒覺的觀念暗示，一聽到喝聲便醒轉來。

第二法

先給以醒覺的觀念暗示，輕擊他的肩頭或額頭，便醒轉來。

第三法

先給以醒覺的觀念暗

第三法

第四法

示，一拍掌或數拍掌便醒轉來。

第四法

先給以醒覺的觀念暗示，並心慮速離催眠，又向上逆撫幾次，便醒了。

催眠醒覺法，比較催眠施術法容易得多，最好的、最安全的在下面講來。

催眠的目的達了，任由被術者安睡幾分鐘，術者乘時追省剛才有無束縛的暗示未經解除，如果尚有未解除的暗示，不要使它殘留，當

預備醒覺的暗示

於此時仍用暗示除掉它，然後方給他一個預備醒覺的暗示；即如：「眠足了！慢慢醒來呀！」或是：「疾病醫治好了，慢慢醒來呀！」喚醒他內心醒覺，打消眠的觀念。接著一面用如下的話暗示他，一面使用逆撫法，使他下沉的血液送上頭部。暗示說的是：

醒覺暗示

「停止催眠了，須逐漸醒覺起來！」

「催眠程度，逐次減弱了，不像剛才那樣深睡，現在已清醒了！」

「不在催眠了，醒來吧！醒覺後精神舒暢，身體四肢血脈流通，眼耳靈通，所有動作很靈活……」

「醒了！醒了！聽我拍掌，拍到第三下聲，你可睜開眼醒來。」

術者接著拍掌，至到第三下，被術者果能睜大雙眼醒覺了。這時命他離坐，離坐一會，才好使他別開施術者行動。

當被術者醒覺時，術者要暗中察看被術者醒後精神如何？倘發現精神恍惚或頭暈眼花，就再復使他仍然坐回椅子上同他催眠，於催眠中用暗示除掉這樣毛病，然後再醒覺。

逆撫法

但多不會這樣的，恐有萬一的話，所以要累贅的說明。還有，如果依照上法醒覺也無效，因為他貪睡的緣故，他自己喜歡睡，不喜歡醒，倒可放任他，隨他酣睡一時，再令他醒覺是了。

有許多人顧慮到能催眠不能催醒，或是醒後不健康。這是無理智的見解；有催眠常識的人，是不這樣誤會的。據著者所知，從無不會醒覺的人；如果暗示得法，也絕不至醒後欠健康。果然依照前法去醒覺被術者，當是最安全的了。

經多次受術的人或感受性強的人，實際也用不著許多話，低聲呼喚兩聲，然後輕輕拍他的肩頭，或是兩指相逼作聲，他就知道醒了。

才說過逆撫法，逆撫是怎樣的呢？這是和撫下法相反方向的撫法。術者用一雙手掌，觸壓被術者身體或離開身體數寸，從膝逆撫而上，經過腹部、胸部、面部至頭部；這算是逆撫第一動作。

第二動作呢？是由手指手背起逆上撫至肘，至臂膀，至肩，至耳，至頭頂。兩動作，相間連續逆撫五六次便是。

第二十四章　施術時應注意的事

術者當在實施催眠的時候，原不許鹵莽輕率，處處要出於鄭重，才能有相當成績。關於術者在施行催眠的當兒，應該注意的地方很多，今括舉大要於下：

一、臨施術之前，應觀察被術者的催眠感受性是優是劣？早預定用何法給他施術。

二、對於初次來受催眠的被術者，先向他大略為說明催眠的性質和益處，安慰被術者的內心。

三、非取得被術者同意，勿勉強為他施術。

四、對於施術方法，要充分融會與悟通。

五、施術時保持嚴肅態度，勿多作無謂的閒談。

六、所施與的暗示，要句句交代清楚，不得含糊。

七、注意被術者入催眠程度之深淺，施以相當暗示。

八、暗示言語，要因人說法，溫和婉轉，懇切動聽。勿令被術者聽見會生厭惡之感。

九、術者施術時，也要統一精神，觀念只凝注在被術者身上，具有使他定能入於催眠狀態的決心。

十、平日要重修養，好使精神習慣易於統一，臨施術時得有幫助。

十一、偶遇著三幾次試驗失敗，絕不可氣餒失望，或掀起疑惑的觀念。要知有些人受催眠多次之後，才變成一個善感的被術者。

十二、要尊重人格、道德和法律；不做不正當的施術。

十三、當施術的時候，術者的精神力能壓服被術者為常則，切勿反被受術者身份和聲勢所壓倒，而自己反呈畏縮的形狀。

十四、施術時，不要恐怕遇著失敗。無把握時，可拒絕不與施術。

十五、初學者在學習時期作實習工夫，更不要顧慮著失敗；因此時有無把握，經驗上還未告訴你知。失敗是成功之母，這是一句名言，所

齊來吶喊

以在學習時期，試驗成績的優劣，無用介意的。

其他關於催眠學範圍的書籍，宜多參考。研究中自己發現一個新見解，發明一個新方法，或別有創見，要努力實地試驗，求出確切的證明，在學術演進的公式，本來是如此的。

同學們：不只是按照書上或只是聽到教授者的講話能以瞭解和效尤，以至得到一張畢業證書，就算研究的終點。「前途努力！」「擴大催眠術的應用範圍！」和「打成催眠術界的新局面！」這幾條標語，大家齊要吶喊起來。

第二十五章　疇昔學者的催眠法

研究催眠術最中心的是催眠方法，催眠方法才說過了，同學們有的要問我剛才所講述的催眠方法，於歷史上有何種變遷？這一個答案，倒要另寫一章出來了。

才說過的催眠法，雖不敢說是著者獨有的新發明，乃淵源於名家參加自己經驗的創作，完全能符合催眠原理，當中毫不具有和原理抵觸的嫌疑；在未曾發現更好方法之前，以上的方法自己算得十分美滿。問道歷史上方法的變遷，當更舉出歷史有名人物的施術法以供參考。

印度催眠法

在一千八百四十餘年，印度加路加太市的醫生，益士得盧等所行的方法最為流行；他是使被術者居於一間暗室裏面，脫去了上衣，仰臥於柔軟的床上，安息心念，施術者坐近在他的頭部旁側說道：

「除眠以外，不要想念別的事情。」

術者更用右手撫按他的胸前，以安定他的心志，還用左手各指輕輕撫摸被術者眼皮，更輕微地向他的鼻孔吹氣數回，又望前額也吹氣數回。這樣做，竟不知何時被術者已陷入催眠狀態了。

這樣催眠快捷，因印度人素來富於信仰心，故催眠術成績比較別人高出一等；民間獲得催眠作用的實益，也比別處地方的人好得多。

美士馬氏的方法

美士馬的方法

美士馬的施術室，出於非常構思的裝置，被術者進入室中，就興起神秘的感覺，泛起一種預期的心理，所以被術者接受術者的勢力支配很為容易。

美氏的施術法，先令被術者靜坐椅子上，他的左右手指挾著被術者的左右兩拇指而凝視被術者的眼睛二三分鐘後，雙手改行按手法，即是用雙手從被術者額頭起向下撫摸至肩至手，如是撫下十數回，被術者便得催眠了。

美氏的方法，原是一種療病法，不是遊戲的玩法；而且被術者又多因有病而請求美氏施術醫治，所以信仰心濃厚，沒意反抗，是以成績極多。

普烈特氏的方法

普烈特氏的方法

普氏的方法，是注重人的睡眠，所以他要把被術者的眼睛弄到疲困，他是用一個有光亮的物體，或是一瓶水，使被術者定睛凝視，至到眼淚淋漓，眼困不堪的時候，再將這光亮的物體逼近眼前，被術者自然會閉目，從此不能睜開，逼要陷入催眠狀態了。

普氏的凝視法要多費時間，使被術者視神經完全疲勞了，非到極有睡意不罷。這比現在我們所用的凝視法，志在被術者精神集注，不使觀念旁馳的用意兩樣。我們凝神時候，不需多久，不和普氏當時認催眠作用如同睡眠一樣，於學理上有這樣不同之處，故此所用施術方法的手段，也就差異了。

李益璞氏的方法

李益璞氏的方法

李氏是主張暗示說，反對普烈特氏的視神經疲勞說；故他的施術方法，單用言語的暗示，不重在被術者視覺上施術，也不使用何樣物體。

施術時所用的言語暗示，大致說是這樣：

「要靜息了心念，不要亂想別的事情，眼睛就要合閉了。」

瞬間又說：

「唉！眼睛很覺疲困了，眼瞳漸漸縮小了。」

又說：

「眼合閉了，閉了不能開了。」

「眼真閉著不能開了，想睜開眼，總是徒勞。」

「催眠了，安心眠呀！」

以上的言語暗示，漸漸緊逼，則被術者能感應而催眠；萬一有些感性不好的被術者，還未能閉目入眠，便又重新用以上的暗示誘導，務使被術者閉目成催眠才止，時間多少不是問題，這就是南西學派所主張的催眠法。

夏路歌氏的方法

弗利阿氏的方法

夏路哥氏的方法

夏氏本屬專醫歇斯底里的醫生，他所用的方法稍為複雜，施術時引被術者進入一間暗室裏面坐著，使被術者眼光久受黑暗，忽然發射一種閃光，或是電燈光刺激被術者視覺，還使他凝視那強烈的電光，至眼睛花亂的時候忽然把電光關息，此時被術者，就會入眠了。

按這種方式，志在被術者被電光刺激至頭暈眼花，使人不能堪，不入眠不休。這是偏重生理方法，嚴酷迫著被術者的催眠，比較以上的暗示法趨重心理方面，絕對的相反。

弗利阿氏的方法

弗氏施術方法，當施術之先，便用言語安慰被術者，不要疑懼，更命之靜心平氣，積極養成受催眠的念頭，然後出以莊嚴的態度，提起精神力，向被術者喝聲「眠！」接著又加溫柔的誘導，被術者自然感應陷於催眠了。弗氏的方法，也是注重暗示，他和李益璞暗示法相近。

弗苦氏的方法

弗苦氏的施術法頗屬特別，是催眠時每施一個暗示後，即喚被術者醒起，探問被術者聽到那暗示後心理究竟怎樣？待被術者答覆後，再次催眠，又施與暗示後，又喚醒覺來質問；如是催眠與醒覺互相連續循環施行。弗苦氏的方法，是這樣做作，所以，為他起個特別名稱叫分割的催眠法。

這種方法，意思是在於知道被術者陷入催眠的程度，倒是一個別開生面的卓見；但是，屢眠屢醒，手續未免麻煩，有時也覺得討厭。

第二十六章　在催眠狀態所誘致的奇妙現象

在十五章曾將暗示的影響詳細說過，不應重寫這一章；這一章重寫的原因，特別為著愛做遊戲試驗的同學多講一些話。但是對於第十二、十四兩章及二十章等須得充分瞭解，仍要詳參第十五章，於這一章的試驗才有把握。

一、成梯成橋的試驗

被術入了催眠狀態，經一步一步的誘導入於深眠，而自發的精神完全停止時，可施人體硬直的試驗。先令站立，隨後暗示：

「你身體筋肉緊張成硬直了，板直如梯一樣了！」

一面雙手掃摸他的全身，連施暗示：

「你全身已硬直和一張板梯一樣了，可以併在牆壁上，作扶梯用了。」

被術者全體果然硬直，可以移併牆壁如「卜」的形狀，用手壓在他腹部試驗是否不會屈曲。在後使其恢復原狀，仍舊站立著。

又一次的試驗，暗示道：

造成人橋站人載重

注意護衛

「全身硬直如鐵，可以橫置兩椅上頭，中間離空成一座人橋，橋上可以站人和載置重量物件，身體始終是硬直而不彎曲的。」

暗示後，就用助手一二人幫忙將被術者扛起，這時被術者全身果然呈硬直，動彈不得。術者偕同助手把他橫臥長凳，或另由一人扶持中部，再用椅子兩把，一支頭部肩際，一支著腳踵，連加暗示說：

「全體已硬直睡著不動了。」

然後，把條凳抽去造成一座橋樑了！橋上還可以站立兩個人。倘若被術者身體是能堪耐的，便不會放軟。

可是這種試驗，是被術者感到暗示與起硬直的觀念，一時肌肉緊張，呈出硬直的狀態，不是全身筋肉變異僵死模樣，所以這種硬直狀態持續時間不可多久，試驗不要耐時，術者尤要立在旁邊注意護衛。

上面的暗示，不過是舉例，臨時可變通，無用拘泥，並須注意硬直暗示，是否通過，真正已成硬直，才好使其倒仰；如未成真正硬直，就要繼續再施給暗示。

變成柔軟如棉的試驗

試驗完畢，快移被術者臥在床上或地上，或仍接上條凳。趕快要施與不疲勞及復原的暗示，解除全體硬直的現象；暗示說：

「全身如平時一樣了，不會硬直，不覺疲勞，血氣很流通，全身四肢很靈敏活動。如今移到床上安息，安息。」

任由他在床上安息片時，再加適宜的暗示，後用醒覺法令他醒覺。可體諒被術者充試驗的辛苦，不要再多做別種遊戲的試驗。

這一項試驗，對於婦女或衰弱的人無用使他吃苦，若認為有試驗的必要，只好使其身體硬直橫臥成橋，不可立人和載上東西，更不可使持續經久。

二、變成柔軟如棉的試驗

這一項試驗和上說的硬直試驗適相反，被術者在催眠狀態中好好立著時，聽到術者下面所說的話：

「你全身柔軟起來了，骨骼支不起身體，無骨一般呀！東風擺柳一般呀！和棉花一樣軟了，雪融一樣塌下來了！」

被術者居然搖搖擺擺楊落地下，全身柔軟不會穿鞋，不會揩汗，蜷伏地上，雖扶起他，也倒塌下來。要恢復原狀，還是靠著萬能的暗示。

「身體恢復強健了，原來一樣了，起來罷！」

即刻起來如常人了。

嚴冬覺熱赤體扇涼

全身軟硬的試驗，和全身冷熱感覺的試驗，很有同樣妙趣，如暗示「熱呀！」就使嚴冬氣候，他也覺得熱極汗流，教他脫衣便一件一件脫個乾淨，赤著體，還要打扇乘涼。

暑天覺冷靠爐取暖

雖在暑熱天時，如果暗示句「冷呀！下雪哩！」他就全身發抖，手足冰冷，口唇蒼白，要到爐邊取暖，或放塊木屑在他掌中「這塊冰，放置掌裏，握定不可放棄。」他便覺冰冷不堪。

身體溫度高下的影響

冷熱變異的試驗，在善於感應暗示和善用暗示時，身體的溫度高下，也生影響，可用體溫計測見。

三、透視試驗

施行透視試驗，照以上所述的催眠施術法，使被術者陷入深催眠狀態，被術者心靈力發露時候試驗才有效；如在深眠狀態中用如下的暗示：

「你的眼力很銳利，對於遮蔽的東西都能察看清楚，試看這一張白紙覆蓋著的東西是什麼形像的？快說出來！」

術者將白紙覆蓋著，或包著一件物品，送到被術者面前，使他視察，姑勿論被術者開眼或閉眼，心靈透視力能把試驗的物品透視出來，說出物名或只說出物的狀樣。

透視試驗，能選定一個姿質靈慧，感性良好的被術者，常替他催眠，養成這種透視能力，方得好成績。

養成千里眼

這種養成訓練法，也應依序漸進，先用薄紙輔蓋著一件大形通俗的物品，有成效，方好用厚紙厚布鋪包，進而用匣箱藏置。若不用立體物品，先寫字在紙上試驗也行。

對於初次受此項試驗的人，勿苟求成績；遇感性低劣的人，難望有這樣心靈透感。

四、臥遊千里的試驗

臥遊千里的試驗

臥遊千里，或稱千里眼，與透視都是由於心靈力展拓而成功的。分別講來，透視：是面前物件的觀察；千里眼：則屬遠方情景的感知，試驗時更多興趣，而成績也較為難得。

幻遊西湖

被術者陷入深催眠狀態，可活用暗示誘導千里臥遊，設如要使被術者遊玩西湖，就乘被術者在深催眠狀態之際暗示：

「西湖山明水秀，風景絕勝，你願同去遊玩嗎？」

「現在動身了！汽車在門口等候著，我們先趁汽車到滬杭鐵路上海北站去，再搭滬杭火車至杭州……」

「請一道出門吧！上汽車了！」

「坐穩車啊，當心！」

這時被術者感性優的，更會表示坐車模樣。

「到了北站了，下車，進站，打票，上火車。」

「到車廂了，你可看見車外的景致麼？開車了！」

「火車開走了，一路上的景物好呀！」

「經過好幾處大站小站了，快要到杭州。」

「哦！到杭州城站了，一道下車吧！」

「行出站，一同走路，這是杭州新開的馬路。」

「這裏是湖邊了，你可看到湖光似鏡，三面環山，風景真醉人了！」

「這是遊湖的碼頭，下划子（小舟）湖上遊吧。」

「這是湖心亭，這是三潭印月，那是孤山，……斷橋，……」

「到這兒彎泊了，我們可登岸，到孤山遊逛……」

更可指出該地方的名稱，使被術者幻感，被術者當時的觀感上真個身經此境，泛起一場西湖的幻覺。比如被術者曾到過西湖的，有了西湖的舊印象，一經術者暗示提起孤山、放鶴亭，就真個置身放鶴亭；暗示為靈隱大竺，便真的徘徊靈隱寺參拜三天竺。即使被術者以前未到過西湖，此時興起一幕幕風暴的幻覺，也如身歷其境一樣。

遊畢，要使被術者眠息數分鐘才醒覺，或一路引導歸路，然後為他醒覺。

千里外朋友家人相見

遊西湖，或遊何處，或和千里外的親朋家人妻子相見，這種縮地談心，縮地探訪的試驗，也可不用輾轉舟車的誘導，如遊西湖可以逕說：「此地是西湖，我們已蕩槳湖中，湖心亭呢？經過了，三潭印月呢？這裏就是，回頭是孤山，……」等簡直的暗示法。又如：

「你回到故鄉來了，你母親在你面前，見著了麼？你和她自由談話吧！」

這種暗示，還來得簡便。

被術者探視鄉里親朋的時候，某人在某處的操作，門前室內的佈置，當時適有何事發生，有時說得很準確。

關於透視和千里眼的試驗，不是被術者一度試驗成功之後便隨時都可再度試驗有同等成績，說不定第二回試驗全無成績。這是因有如下幾項的原因。

A. 被術者入催眠的程度先後深淺不同。
B. 被術者環境的刺激先後不一樣。
C. 術者所施的暗示，前後或有疏忽與精密的不同。
D. 術者和被術者彼此精神默契有強弱。
E. 試驗的事情不是一樣。

本來，千里眼研究歸入心靈研究的範圍，不在催眠術所統系，今在催眠術中講述「千里眼」，這是因為千里眼的現象背景，是因由催眠狀態發生出來，可稱為千里眼催眠法，在這裏不過略加寫述，但是欲作深刻研究時，請參考鄙人所著《千里眼》一書比較還得詳細。

五、讀筋讀心的試驗

在催眠狀態中，施術者鼓動精神，集注於被術者身上，心慮被術者，要他動一動手，或是搔一搔頭，或要他轉過頭來，或更要他俯身執拾東西，又可令他離開座位改換別一個座位。這全由精神傳感作用，雖不藉口頭暗示，但被術者感著心慮的暗示，可是和感應口頭暗示一樣。

心動

更可試驗：使被術者左右手各持木棍一根，那木棍是和童子軍所用的木棍大約長短，拿著木棍中間，雙手垂下，兩根木棍是橫著拿起的，要平正拿在手上，施術者默默心慮著要他把兩棍前面的一端漸漸接觸，真能接觸者，又心慮他前面棍頭兩端漸漸離開，把後面的棍頭合攏，也見有效，這是讀筋的試驗。

讀筋的試驗

又令被術者心念注意某一件事情，不用言語說出來，施術者運用精神力去鑒察，能夠知道被術者的心意，這就是讀心的試驗。

讀心的試驗

這項試驗，要至到施術和被術彼此的精神成立默契，才能有彼此感

默契

偶然幻象

通的作用；不然則無效了。但這樣默契感傳的作用機會，不會隨便可以遇到，施術者固然要素有涵養，精神力充足，還要被術者是良好感受性的人，才有良好的成績。慣於此種試驗者，雖隔離遠地，也可試驗。

關於讀筋讀心的練習，可選定神經質的受術者，常常給他試驗，覺得在催眠狀態有過相當的成績，便試驗這樣的精神傳感法。

始初術者和被術者兩人牽著手，術者凝結精神，心慮被術者舉手、旋頭等簡淺動作；認為傳感活動時，就將被術者掩紮雙目，雖在路上行走，有了術者（仍執著了被術的手或按住他的頭部）為之發縱指示，無異一個常人。　這類的試驗，即屬精神傳感的證例，有等人在平常時無意中，往往因遠方親友發生事故，如疾病遇險死亡等，能偶然起種幻象同事實符合的感知，其理是相同的。

六、無痛無血針刺試驗

乘被術者催眠狀態中（在能發現錯幻感覺以後）施給。

「手臂不覺得有痛，我雖是用力捻捏你的手臂，總是全不感覺的。」

「手腳部分很安適，不要注念。」

暗示幾次，使深刻容受，然後用特製的細長尖直銳利的針，向著手臂或大腿，從橫迅速刺入；在皮下一二分從橫貫穿，露出針鋒，被術者此時是毫無痛感的。

銳利的針

刺針不痛也不出血

刺針時，左手把刺針的部分肌肉揉捏幾回，最緊避開血管，在適宜的部分，右手把針迅速地刺入，針刺入後，局部不覺痛，也不見血流的。

刺針之後，經過一兩分鐘久，就要將針拔出，拔出針之前，也下無痛的暗示，拔針要迅速，拔後，即時用指揉挪一遍。

針的消毒

縫衣針也可用，但以大形的為好；但注意勿用鈍針，及注意勿將針鋒折斷留在肉內；鏽針更不可用，最好是特製紋銀針，或金針。每口針四寸左右，粗同極大的縫衣針一樣。在刺針之前要將針消毒，法用棉花蘸火酒拭淨全針，無火酒可將針放入開水裏滾過。

印度僧侶

這項試驗，是由暗示影響感覺的實情發生出來的，至到相當的地步，被術者受此試驗，知覺確是不會被疼痛牽動的，其他被刺的部分，又無注意念著，故對於這項的試驗，被術者就真能堪受，不與故意忍耐容痛的勉強可比。

七、停脈假死試驗

假死的修練事實，在印度的僧侶們多能試驗，他能假死多天，不食不動，只有微絲脈息，體溫也降低。

印度僧侶，更能使令自己半身麻木，或僵死一足，或廢用一手，經三年或五年十年才令復原，他這樣做以為使自己身體得個潔淨，可以諂媚神祇，識滅今身的罪孽，修來生的善果的。

這無非假用自己催眠的學理演成。如今所說停脈假死，雖不能做到如印度僧侶這樣苦行，只要被術者受暗示影響脈搏，比較平時柔細，呼吸也細弱，暫時多像止息的樣子。

這項試驗，總要被術者陷入深眠狀態，感受暗示影響生理的變化就會發現。不過試驗不要歷時過久，同一人不好常常不停的施行，怕是被術者生理上不容這項生理變動得太多。

暗示就用：

「脈跳不大——柔細了——更加柔細了——呼吸也一併柔細——全身處於柔弱極靜的狀態……」

的暗示多回，反覆投射，經過訓練的被術者，成績更佳。

八、二重人格試驗

二重人格，又稱人格變換，在心理學上又叫二重意識。在催眠中給被術者暗示：

「你如今不是李甲了，你做了黃乙了（黃乙為被術者相識的人更好），言語、行動、意志完全轉變成黃乙一樣了。……」

被術者感受暗示，會把本人原來的人格休止，變成被暗示喚起所指

原來人格休止

喚起新生人格

定的人格，發出言語、行動、記憶都和被指定變成的人肖似。

男變為女，老變為少，或變為古時代有名的人物，或變為戲劇上的一個腳色，或竟變做一隻狗都行。在應用這種暗示之先，應施暗示去消失被術者本人格的記憶，然後使興起新人格的佔有；以：

「你是誰人已忘記了，本人經過的事情也一齊忘記了，你現在已變為某人了，某人就是你。」

反覆投射後，施術者問他的姓名、年歲、籍貫、職業等，被術者此時不是把自己本身的姓名等回答，全是答出某人的姓名，自己的人格暫時變做別人的人格了。

本人格未消失兼佔有別一個人格

又有自己本人的人格，未全消失，而兼佔有別一個人的人格的也有。關於人格變換一節，在十五章之影響人格變換的現象已曾說過，無用重說。

性格不良，身心衰弱的人，依此項的試驗，結果醒後會得到良好的影響，所以使被術者變成的人，要選個性格體魄健全的人給他在催眠中

限定全身之左或右一邊身催眠

限制下一截身或上一截身催眠

模仿為合。

試驗之後，應用暗示恢復他本人的人格和記憶，是不可忽略的手續。

九、局部或半身催眠試驗

在催眠狀態感通暗示之後，不論半身束縛，或局部無知覺，當然可以辦到，不足為奇。

這裏所講局部或半身催眠，是指向極良好感受性的被術者，在開始施術時聲明不是將全人身體催眠，只限定全身之左半邊，或右半邊催眠，或限制下截身催眠麻木，上截身仍然醒覺。暗示說：

「現在給你催眠一半身，只是限制左半邊身手足不能動，左眼見不著東西，左耳也聽不見音響，看呀！我雙手摸到什麼地方，什麼地方就麻木了，失去功用了，但摸不到的部分仍然醒覺的。」

說後就伸手撫摸左邊身，摸後試使掩著右眼，左眼看不出物件；掩密右耳，左耳聽不出聲音。

針刺他左邊身的部分，是不知痛的，但刺到右邊身，就呼痛了。

這種催眠法，要感性極優的，或是常常受術的，才能見效，但有比較易於發現這現象的，當以全人催眠之後，給以殘續暗示，而在醒覺後發顯如上述的半身或局部催眠，那不用說是容易得多了。

十、暗示殘續試驗

關於殘續暗示，已在「暗示」一章說過，而在催眠定義裏面也明白說過。施術者所給予受術者的暗示，不獨能一時影響於受術者的精神身體，待受術者醒後，或醒後若干時日，也得暗示勢力存在。在這一起的試驗，便有如下的現象，在催眠中會給與：

「醒後覺口渴，必要連喝茶三杯。」

「醒後很心歡，常常外貌有微笑的表情。」

「醒後把桌上的書本翻動。」

「醒後坐在右邊的椅子上歇一歇。」
「醒後每半點鐘小便一次。」
「今天晚飯前要洗手，飯後要去漱口。」
「醒後不論走到何處，第一次見到懸掛著的總理遺像時，要向著三鞠躬。」
「至明天聞午炮（或聽到鐘敲十二句）便靜默五分鐘。」
「醒後要立刻尋著你的夫人吻她一頓。」
「醒後天天記著要吃雞蛋，不吃不心安，無論如何一天總要吃一個雞蛋。」

被術者在催眠狀態中容受了這一種暗示，至到醒後雖屬記憶，但一至暗示所指定的時間，心意中自然而然地會浮出一種觀念去履行暗示所指定的動作，此時被術者還不知自己之所以然，這就是催眠暗示的殘續力的作用了。

暗示殘續力的作用

催眠有了這種暗示殘續力，對於催眠治療，是不屬暫時的，而可收醒後長久治癒的功果，這更屬殘續暗示最高的用處，這不只在遊戲的範圍供玩兒的試驗。

十一、其他遊戲試驗

有趣味的遊戲

催眠遊戲的試驗種類很多，但都是乘被術者在催眠狀態中活用暗示，變通試驗的，不是分門別類而有各個分開特別不同的施術法，成績的優劣，要按被術者入眠狀態程度深淺能否勝任這種暗示為準則。今將有趣味的遊戲試驗，略舉例如下：

無索捆綁

無索捆綁：令被術者雙手交叉擱在頭頂，或反手交叉在背後，或用紙帶輕輕紮束，下雙手縛束的暗示，雖見被術者極力掙扎，總不能脫綁。

一羽千斤

一羽千斤：放一把葵扇在地下，或是一根雞毛、一本書，說這東西為地皮緊緊吸牢了，有百來斤重，是拿不開、移不動的，果然見被術者出盡平生力量，總不能提舉起來。

飲水嚼蠟

蚊蠅撲面

戀愛成功

點石成金

捉鳥捕免

風雨舟中

飲水嚼蠟：原來是一杯水，當做好酒給被術者飲，會飲得面紅耳熱酩酊大醉。給他一枝洋蠟燭說是甘蔗，一塊紙皮充作餅乾，硬麵包當做燒羊腿，吃得津津有味的。反用白糖變做鹽，那就勸極不願吃了。

蚊蠅撲面：用羽毛輕輕掃在顏面，說有成群蚊蠅撲在面上，他就用手不停在面上驅撥。

戀愛成功：將被褥卷成一捆，使令擁抱著它，說是新戀的美人，他就強吻不已。

點石成金：將煤塊磚石等物交給他說是開礦得來的金塊，使令保存，他便興起富翁的情熱。或是給他廢紙一大捆說是鈔票，他要珍重收藏起來。

捉鳥捕免：在頭頂揚拂手帕說是飛來一隻白鶴，教他捕捉；在地上拖走一隻小籃子，說是趕起一隻兔子，叫他追逐，他是像真一樣張開眼看望著去追逐的。

風雨舟中：說是坐在車上，或飛機上，或在水面蕩舟；再加以狂風

度曲賣藝
哭笑無端
獰鬼菩薩
地獄天堂
大蛇虎豹

大浪的暗示，他會載浮，載沉，坐立不定，有時竟會暈浪嘔吐。

度曲賣藝：被術者雖不會唱歌，可以叫他高聲唱歌，唱得很合拍調的。又叫他做出種種技藝或是打拳，他做作起來，是有法不亂的。還給他一個託盤子，教他扛著隨街呼喊賣東西做小生意，他是儘管照樣做的。

哭笑無端：暗示引起被術者可悲的心衷，使他流淚；或以可喜的暗示投注，誘令他拍掌大笑。

獰鬼菩薩：誘起幻覺憑空說面前有猙獰惡鬼，他真如見到惡鬼，恐怖萬狀。忽稱有菩薩現身魔鬼敗退的暗示，他是在苦中得救喜形於色的。

地獄天堂：上條試驗進一步誘令登遊天堂，或窺探地獄，喚起如俗人所傳的天堂地獄境況一一發現眼前。借仗這一起以破除迷信觀念，最有力量。

大蛇虎豹：一根大麻繩，變做一條大蟒；一個大籮頭，變作獅子虎豹，嚇得被術者驚慌閃避，大聲呼救（如這項過於恐怖的，不好表演，若認為試驗上必要時，表演後要用暗示慰解）。

上面各條，都是有趣的試驗，是叫被術者張開眼睛，如常人一樣去幹的，但這也不過舉出例子，如果變通應用種種色色記個不了。

第二十七章　反抗催眠法

催眠術成功的條件，應要施術者被術者雙方默契成立，彼此敬信，才能有效，這樣才實行得到催眠的利益與安全，沒有其他的流弊。所以反抗催眠的名義的立腳點，可是沒有什麼根據的。但講義雖有這一章，這卻不算正則的催眠法。

反抗催眠法，即是被術者對催眠術沒有誠意，或是不同意，而施術者強迫其受催眠術所用的方法。

行反抗催眠法，應要按反抗行為是怎樣？於施行上卻有分別。大概從反抗的表現看可分為：「暗反抗」和「明反抗」兩樣；施術者就要按其反抗的表現屬於何者，分別用下記方法與他施術。

暗反抗的催眠法

所謂暗反抗，即是被術者外表似是受施術者的催眠，更能裝模作樣，但暗裏委實反對施術者所與的暗示。這種被術者的心理，的確妨礙施術的工作，初學者對於這種人施術必難成功。救濟的方法，可以酌用如下的暗示法：

「催眠術的利益是歸在被術者身上，被術者用不著有反抗心來欺弄他人，有程度、有知識的高尚一流，他不會故意蓄著反抗的意思。這樣一回事，不算得是受術者自己的本領，更不算是施術者是沒能幹，這是表現個人不高尚的心理吧！」

「越是心理不高尚，越是存心反抗的，越易受術呢！那裏逃得出催眠的勢力圈，到底要入眠啊！反抗麼！是徒然枉費了心，無用如此了！

試反抗吧，終沒益處的。」

被術者心中暗存著反抗，以為表面上得瞞過術者，一旦聽到術者幾句道破，心中必定生虛，心理就不堅定了。譬如：某甲有欺詐的事件給人看破了他的欺詐心理，斷不能始終倔強。術者應乘此心虛變轉的時候，更暗示說：

「不反抗了，心中不起雜念了，現在精神很安靜啊！」

「快安心催眠，多麼有益，多麼愉快……」

當術者一面暗示，一面用數個集合的指尖，按著被術者的顳顬部更向下抹壓；又暗示道：

「現在覺頭部重，眼睛倦了；安心入催眠，不要妄想反抗，妄想和反抗的，很妨礙身心的健康……」

「心已轉過安靜了，眼睛也不能睜開了。」

「須安心受催眠！如今已陷入催眠了，心中切勿再有什麼胡想……」

見到被術者精神沉默了，臨時酌施多少的試驗暗示，見著果然感應，便可使他再靜息一會，如沒有什麼目的，便使他醒覺；如若入眠程度不深，其他各樣遊戲的實驗，寧可俟下次有機會才試驗，倘仍然未見感應暗示，應再向兩邊顳顬部壓撫，一面又施誘眠的暗示，那時候被術者雖具有強大的反抗，經幾次的施術，終必消失反抗的觀念而歸於催眠。

明反抗的催眠法

所謂明反抗的催眠法，即是被術者不聽術者的說話，叫他坐，也不肯坐，要他臥，他更不肯臥，不受施術者的安排，好像和術者對敵一樣，這比較暗中反抗的人，他的反抗力尤強大。

此時術者鼓起了精神，走到他的面前，一手攬抱著他的後腰，一手推著他的前胸，或是捉住他雙手，提起他使他身體望後仰極度彎曲，折屈至無力支持時，才放他半身睡在一張桌子上面（或坐在椅子上），更用強勢的語氣說：

「不用反抗！反抗不得！越反抗越易受術！」

「閉目停止想念罷！」

被術者如有掙動，術者用力壓著其身，不使他掙動。術者一手壓著其胸部，一手覆其頭部，制壓住又說：

「不要掙動，聽我呼喝幾聲，必定入眠了。」

術者鼓動丹田力，向被術者連喝三聲「噎」的聲音，隨用手指撫壓他的眼睛暗示：

「請閉目安靜一時，很得舒服，掙動反抗實在於自己無利益，閉目！閉目！」

這時被術者精神氣力都帶來疲倦了，反抗心一時自然會停止，便閉了眼睛，全身筋肉也弛緩了。到了這時候，術者可把被術者領到一張椅子上使靠定坐著，跟著改用誘導入眠的暗示促他早入催眠。對於這種明白反抗的人，到了這時的狀態，可不必多做試驗，任他睡去或自醒都好，因這種反抗的人到了自己醒起後，也不能自誇說是不會受術了，心中已經軟化，雖沒有好成績，也算征服了他的反抗心。

術者對這明反抗的人，不要畏縮，心理只對他作為自己的底下人一般，不制服他的反抗不止，一旦得被術者反抗的心理一起轉機，就趁勢妥加誘導暗示，促他快得催眠。

設計的暗示法

關於對付明反抗的人，尤有幾種設計的暗示法，即譽揚的暗示法、反激的暗示法、說破的暗示法與轉機的暗示法、恐嚇的暗示法幾種。

例如：

「看你們是誠實忠厚的人，絕不會存著反對的心理來嘗試的。」

「你有這樣的品格，定然很忠實的。」（上類為譽揚的暗示）

「越是愚蠢和不誠實的人越不易入眠，越是聰明和正直的人越易入眠，從這點看來，便知人的愚智和真偽了。」

「人的品格和學問，在催眠中最易分別出，大概受術時心無雜念，就是品格有相當修養的證明。」（上類為反激的暗示）

「有意同術者頑鬧的人他本人的精神首先分裂了，已不合被術者的資格，勿這樣吧。」

「我知道了，你想著反抗吧？好呀！你極度的反抗吧；反抗越大的，催眠的勢力隨著大起來了，那麼，受術更要迅速了。」（上類是說破的暗示）

使他左手握拳，右手放開，他若心存有反抗故意右手握拳，左手放開，可急急轉機喊道「右手握拳，左手打開。」看情應付，或更喊「左手握拳，右手打開。」再使舉高左手，垂低右手，他舉動無定，或有意錯誤時，要緊急喝迫，同如上法轉喊；右手舉高，左手下垂，他要反抗也來不及（上類為轉機的暗示）。

「受催眠時切不可心存反對，否則會因之惹起神經病！」（這一類為恐嚇暗示）

以上暗示法，要待施術時臨機應付，不是呆板的用法。

第二十八章　瞬間催眠法

瞬間催眠法，快在一拍手，久在一二分鐘間，便使被術者能陷入催眠的方法。這種方法，很是有趣，足以表現術者手段高強，同學們應注意練習。「瞬間催眠法」可分為三種人施術方法。

一、對曾受過普通正則催眠法施術的被術者之瞬間催眠法

被術者曾是慣受催眠，感性良好的，那麼，瞬間催眠倒很容易，術者一見被術者不論他坐著，或站著，突然以雄斷的言語說：

「如今替你催眠，只聽我喝了一聲，你即刻陷入催眠了。」

這時被術者遇見突然而來，大概多無自主；術者即用右手大指二指壓閉他的雙目，又用丹田力望著連喝「噎！」的一兩聲，轉用柔和的語勢暗示說：

「已入催眠了，眼睛再不能睜開了。」

術者放手，被術者已閉眼呈催眠狀態了，可隨著試驗種種暗示。如無什麼目的，可任他靜息，不試驗也罷。後暗示拍他肩頭一下，使令醒來。

二、對未受過普通催眠只略曉催眠的效果與原理的被術者之瞬間催眠法

術者應對被術者說明催眠的道理與實益，如說：你已曉得越速受術，實益越是多，現在替你施術，立刻使陷入催眠，切勿疑懼……術者用左手托持著他的後頭，右手一二兩指輕壓他兩眼，分鐘左右說：

「我一放手你便入催眠，深深地入眠了……」

如術者放手，被術者雙目仍閉不願睜開，這已現催眠動機，術者這時又加暗示：

「已入催眠狀態了，安心靜息吧！」

後使之醒覺或任其轉入睡眠，至其他的種種試驗，俟其慣受此項催

瞬間催眠第三法

眠之後才實行試驗，尚未為遲。

三、對未受過催眠且還不懂催眠是何物的被術者之瞬間催眠法

這項催眠比較以上兩項稍難，施術者應擇一所靜寂薄暗的房子，命被術者坐著，靜聽時鐘擺動的聲音，在後術者運氣丹田喝「噎！」的一聲，這時被術者忽然震驚，並聽鐘擺行動的音也停止，術者執著電手燈直射他雙眼即暗示：

「眼不能睜開，專意入眠，切勿想及別的事情。」

「這時候，你全身利害都在我掌握中，須聽我的說話，不可自誤，千萬千萬。」

「安心靜眠！眠！眠！」

若被術者感性良好，這時雙眼必不能睜開，勢有不得不入催眠。倘感性低劣的人，仍未入眠而有欲開眼的，術者再用電光射照，用更加激

強的語氣，再施如上的暗示，終究能得成功。

以上的方法，快來一拍手，慢來只消幾分鐘便可成功，但是始初試驗，沒有什麼把握的，手術不熟，也難望成功。這種施術方法應加功練習，多求經驗。

瞬間催眠具備的條件

瞬間催眠法，除以上所述暗示之外，術者還要具備如下三個條件。

一、有強烈的精神及手段，足以威嚇及駕馭被術者。

二、術者心中毫沒有疑及不成功的弱點；具有一種定能使人催眠的決心。

三、術者道德學問堪為被術者所信任；或被術者素來震於術者的威名。

術者能備以上三種條件，施行瞬間催眠法，才望有效。因為這種施術法，催眠的動機，非全依暗示而起，比正則的催眠不同。瞬間催眠原屬一種精神威迫作用的結果，如術者的精神未加修養，欠強固力，自然難使人瞬間感服因之陷入催眠的。

第二十九章　遠隔催眠法

遠隔催眠法，可分兩項的解釋。

一、被術者曾受過普通催眠的辦法

當在普通催眠時，乘著未醒覺時，特別加以暗示：

「你在某日某時坐在椅子（在夜晚八點至十點鐘的時刻較相宜）想及我替你催眠，我在自己宅內運用特別的方法，使你遠隔著我而催眠去，二十分鐘就得醒覺。」

這殘續暗示，到時會使被術者自己陷入催眠狀態。

又：被術者曾經一度受過催眠術，他已信任術者人格高尚，催眠的功夫老練，那就不論遇著何時，術者用書信或電話電報約定一個時刻施行遠隔催眠法，屆時定能一樣陷入催眠狀態，成績能同上說的一樣好。

二、被術者未受過催眠也未見過術者面的辦法

對這些人施術，多是被術者為住在遠方，不能親來受術，只是仰慕術者大名而來函請求遠隔催眠治療。被術者既富於信仰心，所以，能收穫如同就治一樣成績。

施術之前，須約定一個施術時間，更打發被術者屆時要靜坐椅子，或靜臥床上，排除雜念，只專心一志待術者行遠隔催眠，充分興起受催眠的心念。

這時在術者方面的精神，比普通催眠更要統一，專向著被術者默默想念著，使心靈力遠地感傳。

遠隔催眠似易實難，其失敗原因，術者和被術者兩方面都有責任，被術方面有不信任，或有一種試驗心，和有意或無意興起反抗觀念，而術者方面精神傳感力薄弱和事出敷衍，且無十分經驗，遠隔催眠就難成功，相約鐘點在遠方各地有快慢的相差，這於遠隔催眠很有關係的。

世界時刻相差比較表

適用遠隔催眠時與信電催眠時所應知的世界時刻相差比較

遠隔催眠法與信電催眠法，均不受地理與空間所限制，即使近在鄰室與遠隔重洋，他的施法與感應，可是沒有差異的。這並不因地方遙遠，可比於空氣傳聲，漸遠漸形微弱。但對於時間問題，因地球繞日而行，於二十四小時自轉一週，各地因之遲早不同，時刻不是一律。所以欲為遠距離催眠療病，不可不明瞭世界各地之時刻相差比較，試作比較表於下，請先注意其說例。

一、本會設立在上海，當以上海正午十二點鐘為標準，某地時刻或早或遲，相差幾何？檢查此表，便得正確。

二、本會學員住在他埠的，應用此表之時，可依照算學程式用比例法推算。

三、應用此表推準兩地時刻，當由施術者自定一施術時間，約同被術者共同守待。

四、第一表是指示本國國都省會各大城邑之時刻遲早比較。

五、第二表是指示外洋各國之國都要區，及華人居留眾多之地，時刻過去較早者。

六、第三、四表指示外洋各國之國都要區，及華人居留眾多之地，時刻至到較遲者。

七、屬於小部分地方，其比較鐘點未經標列者，可照鄰近地方之既有標列者大約推測（在東者時刻早過，在西者時刻慢到），相差不多。

八、表中所標的比較時刻，或有未得十分準確的，絕不能差謬至五分鐘以上。

九、遠隔治療時，選定時刻，以便利於被術者方面為標準。

上海與國內各地時刻相差比較表

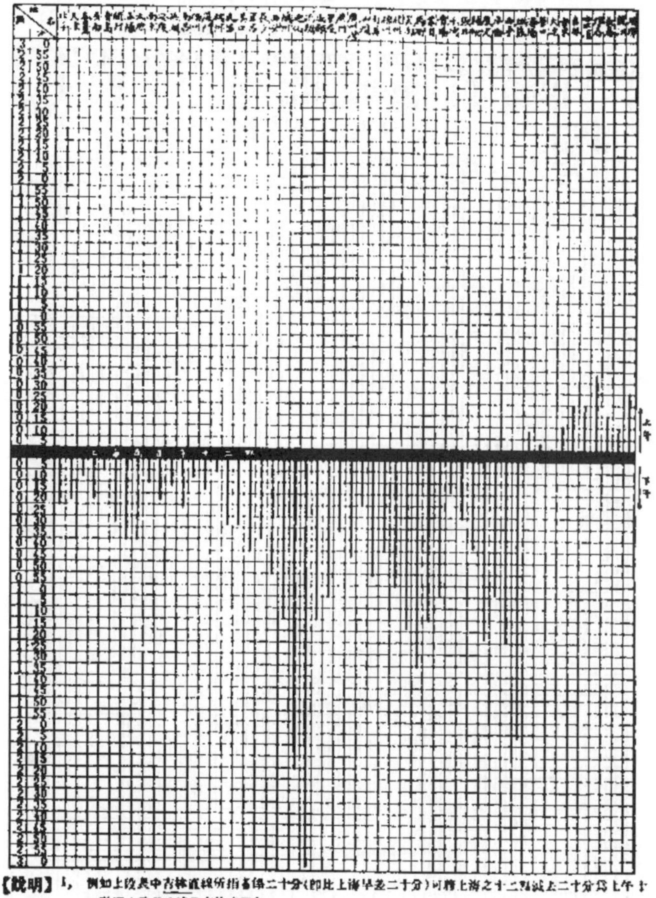

【說明】1，例如上段表中吉林直線所指者係二十分（即比上海早差二十分）可將上海之十二點減去二十分為上午十一點四十分其時適為吉林之正午

2，例如下段表中北平直線所指者係二十分（即比上海遲差二十分）可將上海之十二點加上二十分為下午十二點二十分其時適為北平之正午

上海與外洋各地時刻相差表(一)(時刻比上海遲去較早)

【說明】例如表中直線所指者爲檀香山比上海早差五點二十分可於上海正午十二點減去五點二十分得上午六點四十分其時適當檀香山之正午

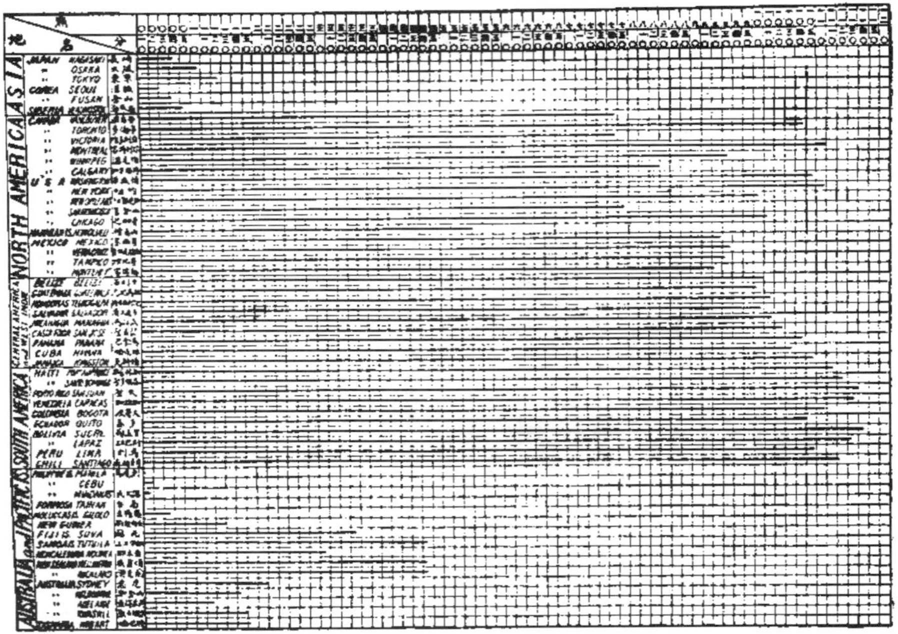

上海與外洋各地時刻相差表（二）

（時刻比上海至到較遲）

【說明】例如表中直線所指者印光比上海遲差一點四十分可將上海正午十二點加上一點四十分為下午一點四十分其時適當印光之正午

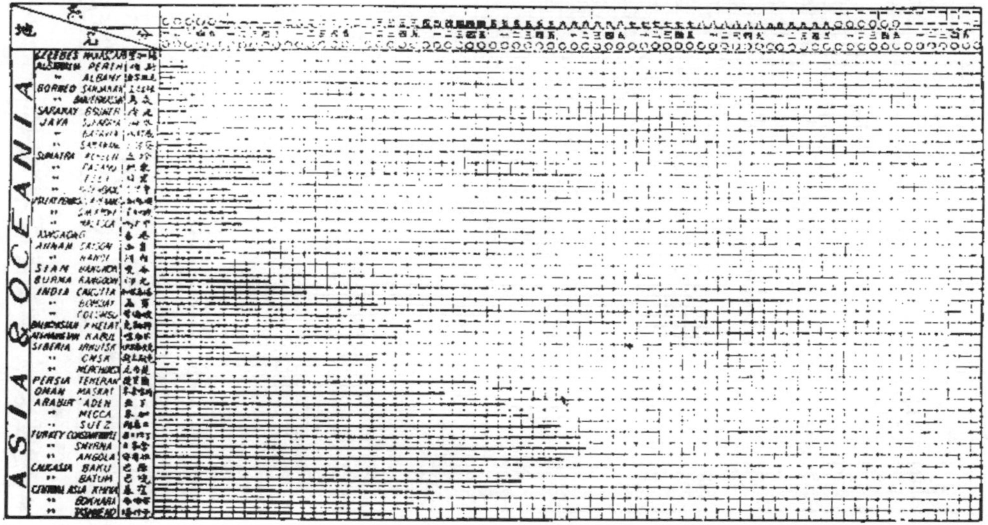

上海與外洋各地時刻相差表(三)(到時比上海至到較遲)

【說明】 同上表

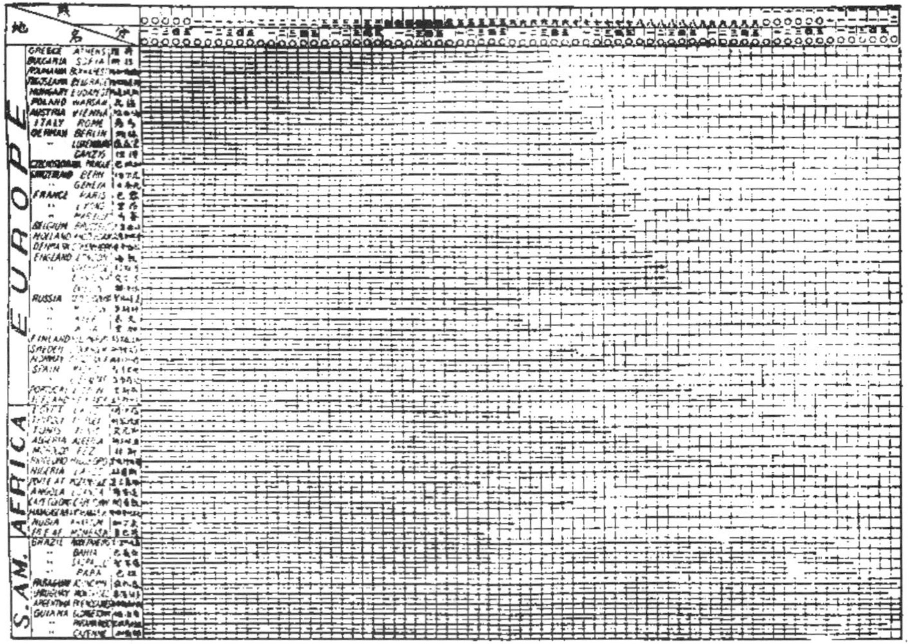

第三十章　多眾催眠法

數人一同受術，因各人感性不一致，成績就難於相等。能夠選定感性相近的被術者，一齊給他施術，成績較為圓滿。但是術者成名之後，為人治療病癖，多數患者接踵而來，術者一人便不能分身應付了，在這時候，不能不行用多眾催眠法，此時被術者的感受性如何？也不暇判別了。

設備

施行這個方法，應先設備一間能容十餘二十人的施術室，室內光線以薄暗為好，四周要清靜，空氣流通。

施行法

使被術者們分兩行背向而坐，兩邊桌上當中安放一個有光輝的物件，如電鏡、水晶球、電燈之類。術者先向一被術者解釋催眠的道理，並略述催眠治療獲得痊癒的實例；後使被術者屏息不起雜念，專心注視桌上的有光的物件，如見眼倦，即須閉目，至各人將要閉目時，再由隔室奏出一種單調的音樂，命被術者注意靜聽。不久各個被術者都是閉目垂頭，彎靠在椅上，此時術者再暗示：

暗示法

「各位都入催眠了，心中很安靜，聽我把你們的疾病治癒。」

術者此時向每個被術者施行撫下法，或接掌壓擦，及按著所患病症用暗示打消。詳細治療法，參考以下治療章。

如還有一兩個被術者未能入眠，使用手電燈迫射他的眼睛，再加誘導入眠的暗示，並說道：「各人都早已入了眠，病患受治完了，你想消去病苦，也應安心入催眠，聽由我為你治療。」

第三十一章　不用施術催眠法

對被術者說話的條例

不用施術的催眠法，即是對被術者不告知是施行催眠術，甚至普通施術的手續也不使用，只對被術者說：

「請專心注視我的眼睛，不久要發生一種不可思議的現象。」

被術者注視了一會，術者又說：

「眼倦不欲視了，終究要閉目。」

被術者不久果然覺得眼倦，不願久視，必遵術者的話，閉目休息，這時術者用手指輕輕撫抹他的眼皮，更說：

「眼倦不能開了，就有一種奇妙現象發現，請安心靜息聽著我的說話。」

任隨被術者閉目安息片刻後，更暗示說：

「請將右手舉起。」

被術者果將右手提舉，更可等他舉手到中間，暗示他不會再高舉了，果然如言，這便知被術者已能感應暗示；再暗示說：

「請將手放下，再屏除一切思想，安心靜息，我可引起你一種精神遠感能力，現在可去遊西湖。」

術者再觀察被術者當時入眠的情形，照以上第二十六章之四所述的幻遊方法，而引導他幻遊西湖。

以上的方法，對於感性良好的人施行，很見得功效，如對感性不良的人，只好陷入淺催眠狀態，能作淺易的試驗，不必定要幻遊西湖才算得成功。

第三十二章　睡眠中的催眠法

睡眠中，是昏迷不感暗示的，而催眠中，心裏很是清明，能感暗示的；這兩者是在不同的地位了。然而睡眠中一有驚動，即時醒覺，如何能呈催眠狀態呢？解決這個問題的話說在下面。

施行的方法

睡眠移轉成催眠的方法，是使睡眠將至醒未醒之間，乘機誘導才行。但是這一線間過渡的機會極難有個顯明的認識，不及則無效，依然還在睡眠；過度便一縱即逝，便呈醒覺了。從這一項看來似是容易，其實不容輕巧得來，同學們應多做練習取得經驗，才有把握。

練習方法

這種練習方法，可照下面的方法做。

術者接近睡者顏面注視片刻，有「稍微清醒」的心中督促，一面用口氣輕輕吹在他的額頭上，或輕輕撫摸他的肩膀，見他稍有醒動即說：

「不要癡睡了，也不可醒來，如今你在睡中也能聽我說話啊！」

這些話須溫柔低聲，反覆投射後又說：

「握著手掌」；或是「將手提起」。

見能感應，這時已有轉入催眠的傾向了，就再施與暗示：

「現在你心念安靜，聽著我說話，不要開眼。」

到這時，術者按這個人的病癖，再用相當暗示同他除掉。

這種催眠方法，原是對催眠感性低劣的人，目的在於治療方面而用的；不是用之於催眠遊戲試驗的方面，只是陷入淺催眠狀態也算成功，不必多給無用的暗示，徒勞動作。

同時這種方法，對於小兒和有病的老人，不便用普通的催眠法而應用這個方法，最稱適當。

第三十三章　自己催眠法

自己催眠是不必受施術者施術，只是自己照自己催眠方法施行，結果也與受他人施術作用相同。自己催眠沒有反抗催眠法，自己應先有催眠的觀念，才可施行。

本來施催眠術要有施術者及被術者為原則，若以一個人而兼有施術者及被術者兩個資格，是在催眠原則之外。因原則相左的緣故，自己催眠比較為他人催眠成績不及，但習慣時不在此例。

自己催眠條件，全與他人催眠條件相同；至於暗示只消自己在心中默念，或宜諸於口，只要自己心力堅決，當是第一要素。

始初練習自己催眠方法，可分如下三項。

第一項

第一，預先存有自己催眠的觀念

在施術以前，心中早預備訂於某時實行自己的催眠，有定能成功的念想。

第二項

第三項

凝集精神法

第二，鎮靜心思

坐著或臥著，使身體安適，然後把心思停頓，什麼雜事都想不起。

第三，凝集精神

心思停頓，不過是把諸多的雜念一時收束，但仍不能達到極度的澄清；那麼，只好更把殘餘澄清的雜念，移在最快意的一件事情上（即下的兩法）收束起來，得以興起催眠的動機。

凝集精神法，分為三種：

甲、對著一個明亮有光輝的物體一心凝視著（如電鏡、水晶球、新幣、金鈕、鑽石頭等類）。

乙、對於單調細微的音響一心凝聽著。

丙、對於一件平生最快樂的事情默默描想，或把自己的呼吸計數。

心念已安定，更照以上所說的凝集精神法做去，精神就易於統一；

例一

例二

精神統一之後，自然呈閉目入眠的現象。這時心境澄清，無物無我，很覺安適的，這便是自己催眠的狀態。

今還設例說明如下，可變通練習。

例一：預先提出催眠願望在心中默記，將要自己催眠之前，徒手運動五分鐘，後把衣帶解開，閉目安坐椅子上（或仰臥床上），行深呼吸十多回，心思專注在呼吸動作，別的事情一概不想起，不久開眼一心凝視一件光輝的物體，最好是凝視電鏡或水晶球，無這兩件物可用新金幣或銀幣或金鈕做替代，不久覺得眼倦，筋肉漸漸弛緩，要想合目入眠了。到此時可把雙目合閉，安心入眠。如果是有目的而施術的，那就按其目的發出自己暗示，如無目的便不管它直接轉陷入睡眠也好。

例二：如上興起預期觀念，和稍作運動後，便仰臥床上，雙足直伸，行深息幾次（躺著不用多久深呼吸）。把注意全移集在足尖，即是睡著輕閉雙目，向腳趾尖注念五分鐘。這時如心念不再願注念集注足尖，可以轉過傾聽時鐘或時表行動時的「息近息近」音響，以外事情絕不想及，不久竟連「息近息近」的注意也自然停息，呈無想無念心境，那是陷入催眠的境地了。

例三：預期觀念及運動，照上具備之後，睡倒床上，先行幾回深息，此時任記憶一次已往的一件愉快的事情，故事重提起來默默曲折描想，到了描想停止，就陷入催眠。或是對於自己的普通呼吸，一心注意默數，如一吸息數曰一；二吸息數曰二；再吸則為三；再吸則為四。如是推算，數至一百；循環再數，不久，計數並呼吸都忘卻，即陷入催眠狀態。

自己催眠狀態，心意雖止，但很有警機，不是陷入昏迷模樣，或睡眠一般。但常有些人已是陷入催眠之境，自己還以為未曾睡去，這一個誤會，是犯著誤認催眠與睡眠同一的弊病了。有此誤會的人，是得不到自己催眠的利益的，因為他以為睡去才算是催眠，正失了催眠的機會，那麼，他在睡眠時固不能發出自己暗示，即設有一種心念，到了睡眠之境竟會毫沒有功用了。

自己催眠要經歷若干時間？大概自己應先在心中默默限定，或用鐘鳴為記號，到時便會醒覺；否則任由催眠轉入睡眠，過相當時候，自己會醒。

自己催眠適合自己治病，因為自己治病的暗示簡單，不會多勞動精神。如要自己催眠做作種種遊戲試驗，因暗示複雜，無此便利。但深度催眠，有了心靈透視時機，如自己催眠的人，本來心靈敏銳的，乘著這個機會，倒有超越的能力，如作千里眼或是預卜等，可做如下的試驗。

一、臥遊故鄉的試驗

在自己催眠中，別的心思都不發動，只凝念於自己的故鄉，此時雖在閉目，故鄉的情狀漸漸發現出來，有如看電影一幕一幕映在眼簾，恍惚身歸故里一樣。這樣於旅居異邦心切鄉國的人很得快慰。加之這種試驗，當時如果恰巧所注念的地方，發生事故，會影照出來，得獲見精神遠感的真相。

會晤遠人的試驗

會見亡靈的試驗

二、會晤遠人的試驗

在自己催眠中，別的事物都不想及，專默念著居留在遠方親人的姿容，不久恍惚中果能見及親人的容貌；同時所注念之人，恰巧有變故如疾病傷亡之類，也能因此感知。

如果所注念之人，尤其是至親，父母、兄弟、妻子，那感動的力量最大。倘當時催眠者所注念之人，同時恰巧他也注念著催眠者，那麼，精神感應，更得加倍明顯。

三、會見亡靈的試驗

在自己催眠中，不提起何種自己暗示，而觀念集注於親友的亡靈，不久亡靈真會從朦朧淺淡中恍惚發現。有時催眠者顏容頓變會開口談話。到了醒覺，在催眠中所做出的事情，有全不知悉的，有還能追憶出來的。

四、物價升降的卜占試驗

對於某項貨物的價值升降，先預定左手有感動，則為價升；右手感動，則為降。跟著陷入自己催眠中，左手果然有搖動，便可知那物價會有升高；但這時催眠者的手，不是出於故意動的。占卜晴雨，占卜遠人，占卜婚姻也可照這方法。

還有各種精神試驗的事例，都是在自己催眠狀態中活用施行，當時催眠者的觀念致力於所試驗之目的上面，就會興起作用。若有不驗的，或是毫無影響的，多是因為自己催眠環境不佳，還有雜念遮蔽著心靈，阻礙心靈力透露的緣故。

以上所說自己催眠法，施行時，要按序做去，還要稍費時間，但這是對於初學之人教授的原則；若照著學習純熟之後，一起自己催眠的觀念，即能陷入自己催眠狀態，用不著許多時間，也不必完全依照規定的方法。

有因疾病而施行自己催眠治療，讓於下卷「自己催眠治療」章講述。若不因治療，每天施行自己催眠，這是涵養心靈方法，也可參看下卷「靜坐」一章；人們常常能提起「心靈力發達」一個簡單暗示，堅牢注念著，一切雜念停息了，就得到自己催眠的利益，即使轉入睡眠也得到精神休息的好處。

第三十四章　動物催眠法

動物催眠法，即是對於動物用一重方法使它成為有如人類催眠的狀態的方法。但是，動物催眠，是否與人類的催眠一樣狀態呢？或是類似之而另具別種性質呢？

這項問題，已經學者下種種的研究，還沒有實在定見；有的學者說是等於人類的催眠狀態一樣，有的學者又儘量反對，一直到今天，還未得到一個定案。

可是以一定的方法使動物在一定時間，呈出一種睡狀不自由的靜止狀態，則屬事實。然而對這項事實下究竟同如人的催眠狀態而感應暗示？則動物不曉人言語，確是一種艱難的證明。

試驗的方法

動物催眠最好用牝雞供試驗。突然將牝雞捕獲，將它倒置使背脊附著地下或桌面，一手壓著胸腹全部，一手壓頭，它最先起極度的掙扎圖脫，不一會這種反抗運動便歸靜止，術者可離手，那牝雞有的閉合雙目，有的眼睛還是睜大的，只身體靜止不動，已呈出一種催眠的狀態；這樣狀態可繼續五分鐘以上至二十分鐘。

醒覺法

雞還未回復醒覺，想早把它恢復它原來狀態，可拍手或吹動羽毛，一經刺激，自會醒覺。

動物催眠法，不獨施之於雞，如鴨、雀、白燕等飛禽類，和哺乳類中的如家兔、天竺鼠；爬蟲類如蜥蜴；兩棲類如蛙等，都可充作試驗。所用施術方法，也一經捕獲就把他身體按倒在地下或桌面，讓它掙扎幾回，無可掙扎時，運動便歸停止了，慢慢離手，它身體保持靜止狀態，

動物催眠原理

恰如催眠一樣了。

動物催眠的原理，學者有從心理上解釋的，說是一時由恐怖而影響於肉體，能呈出靜止狀態。又有從生理上來解釋，說是動物被捕的時候，筋肉緊張，反射運動不靈，故身體暫呈一種靜而不動的姿勢。

以上的解釋，誰為正確，尚難判斷；以著者的見解：則取折衷其說，是先由心理而影響到生理上發生變異，以致中樞反射不活動，筋肉只好隨被處置的地位，一時緊張，就不會改變位置。待過了相當時候，由心理影響生理的消息過後，得著新理想，且經一回的試探，才會將不自然的位置更動而恢復原來狀態。照這樣的解釋，或不會差錯？

又動物催眠比較人類催眠的理由和方法，完全不同，兩者本無相連的關係，故此，在這裏不加細論。同學們還想作專門的研究，可參考本會出版之《動物催眠》一書。

第三十五章 結論

催眠術從頭遞講至這裏，同學們定有深刻的認識，但是紙上變兵，無濟事的，必要實地試驗證明所學的非假，這才是研究的目的。

著者更有希望的話：擴大催眠術的用處，謀人類社會的幸福，闡發催眠術的真理，使吾道日益發達，全仗我同學們的努力！

還有，催眠術，不是遊戲取樂快意於一時的，它的正大出路，在教育上、醫療上、自己精神修養，盡有充分發展的地方。其他一切的試驗和應用，切勿過於猥施濫與，總要維持我們催眠學者的道風！

關於應用治療的方法，當在下一卷「催眠治療法」詳說，同學們還有未完的功課。

希望努力

正大出路

心靈學院函授部用書

催眠術函授講義

（催眠術治療法）第三卷

余萍客著

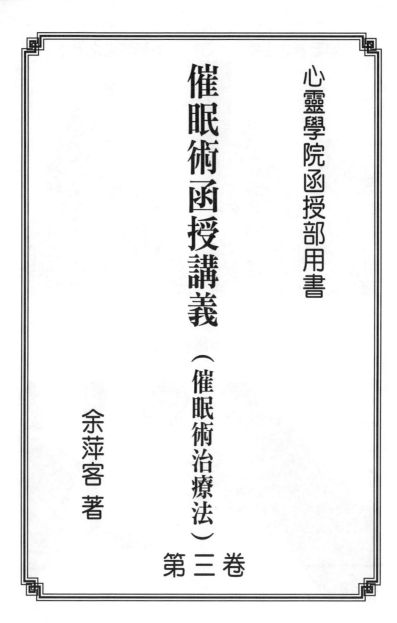

患腳氣者之治療

患頭痛者之治療

患心臟麻痺者之治療

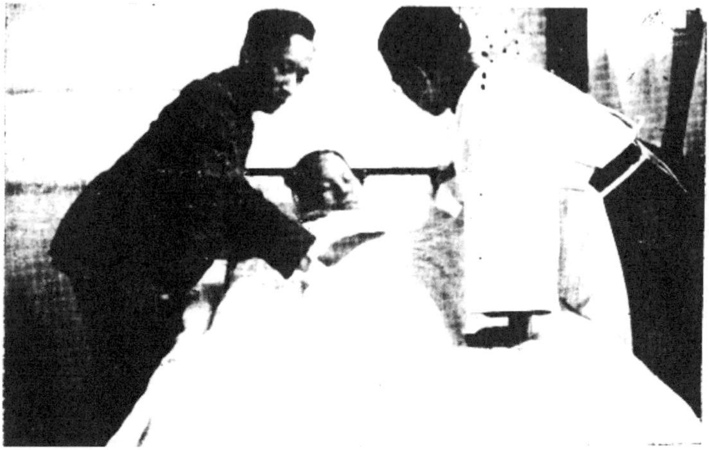

第一章　精神療法歷史的回顧

精神療法在醫典上，似乎到最近才見發現的一種醫術，其實，倘若要追究到它的起源，它是存在久遠以前，荒昧的上古時代裏的，它已有著悠久的歷史了。自有人類生存以來，就有人類的催眠現象的發生，有了人類催眠現象的發生，而精神療法也就跟著興起了。所以我們可以說：精神療法，是醫術裏最古的方法。

愚昧的古代的人類，當然是沒有科學的生理智識，身體患了疾病，便以為是病魔作崇，不能不把祭禮供奉到神的面前來寬解病魔的怒氣，希望病魔會脫離他的身體。這種信念，不論各處的太古人類，都是同樣具備的。

古代的人類社會的組織的上層，除了政治上的統治者外，便是那些負有人神交通的職責的神官祭司或是僧侶們了。神官和僧侶們都具有與神魔交通的能力，他們掌司著「禳解癘殃」和「撥除病患」的職守，專為國家人民禱祝豐年、醫治疾病的，在當時，並沒有醫生的存在。

他們有什麼秘法可以為人治病呢？在那時候，他們沒有生理的智識，更不懂得化學的運用，所以疾病的起因固然不知，藥物更無從使用。唯一的治病秘訣，只作祈禱手術和對著病人講些安慰的說話，撫按病人的患部罷了。這便是整部的古代的醫術了。

在當時的患病者，以為自己身上是隱著病魔，以為僧侶的身上是附有神靈，當著治病是一樁神鬼的秘密，其實這種古代醫術，在今日看來，除了近似今日的精神療法原理之外，並找不出其他的奧義來。

精神療法在古代經過了遠久的時間，才有從偶然的經驗裏發明了醫藥的運用。自藥物發明了之後，才有以治療疾病為職務的醫生。那時醫生雖然已成了專業，但有許多宗教家卻兼做醫生的，而醫生也同時有近似宗教家的態度的，再加以當時宗教的療法和醫生的療法都是大同小異，所以醫生的地位還不曾獨立。

到了嘗百草而成醫藥，用草根樹皮來治療的時期，治療的手術有了很大的變動，醫生的地位才得獨立起來。只是當時的醫生卻仍未熟悉藥理的化學作用，所以治病雖用方藥，但仍然多是借暗示的作用才能收效的。這個時代，還脫離不了借用精神的手段去達治療的目的。

西洋醫聖歇頗拉爹斯，他曾經說過：「喜悅是催促疾病治癒的方法」這一句話，他的意思是病人需要精神上的安慰。中國的神醫扁鵲，他曾經說過：「不信醫則不治」這一句話，他的意思是病者對於醫生是否發生信仰，然後才能決定疾病之能否醫治；這也全是一種精神作用，合著精神療法的本義的。從這兩句說話上看來，可知道古代的名醫，不論中外，治療疾病，都注意到精神治療的方法。

到了中世紀的時代，醫藥有著極迅速的進步，精神療法似乎是被淘汰了，但中世紀是宗教盛旺的時候，宗教療法（即精神療法）也就連帶發達起來了。那時有許多地方都有靈場建設，祈禱盛行，目的大都是為治療之用的。可知當時的精神療法外面似乎是停止，實際仍是在進行中。

到了十八世紀，科學發達之後，醫學連帶便有了高度的進步了。一般人漸漸改變了從來治療的信仰而趨重了藥物。精神療法竟全部停頓下來。

精神療法自受了醫藥療法打擊後，不久便出現了美士馬氏發明的動物磁氣術療病法，驚動當世，恢復了世人精神療病的觀念；因此，精神療法又流行起來。動物磁氣術之後，更有催眠術治療法發生。

到了今日，各種科學的發達已到了極點。醫學的智識，疾病的診斷，部位的治療，也就比前更加精密了；況且又有新藥發明，更能助長醫藥療法的效率。在這物質極端盛旺的時代，誰都不去注意精神療法了，更有詆毀它是迷信而抹殺它的至理的。精神療法自有歷史以來所遇著的反動，以今日為最大。

因了今日物質科學的發達，便連帶了醫藥療法也興盛起來；另一方面，心理學和精神現象的研究也同時有了興盛的機會，加以醫藥界裏發現了不少的病症是醫藥療法所不能收效的，須復用精神療法的手段的。因此，最近的醫生心目中，已不再輕忽精神療病的功力，精神療法從此得著蘇生而有向前發展的趨勢。

在最近幾十年間，法國南西派李益璞是提倡精神療法最出力的人。他們的治療法只借重催眠的暗示法，便能收最大的療病的效用。他的學說，很能風靡一時，從事研究的人便逐漸增加了。在這時候，才知道因精神影響而生的疾病，區域頗廣；因此，精神療法的範圍也就擴大了，而精神療法的分派，當然是門戶各立了。

精神療法的派別雖然是很多，但其中有歷史可考，有成績可數而又穩當沒有弊害的，便不能不讓這催眠療法了。

第二章　催眠療法的必要

太凡人身患病，在表面看來，似乎是患在肉體，其實精神是先受了障害，然後才會發生病態的，所以藥物療法的醫生也常說：「在表面看去是身體的病患，細究其原因，多是發生於精神方面的。」這是極符合事理的說話。一個人的病患的起因倘若是在精神上的，那麼，它影響所及，當然不單只是在一器官、一系統上，神經系固無論，即筋肉、關節、循環、呼吸、消化、分泌、生殖器等，也會因精神的影響而發生反應，簡直是：整個肉體的營養，都是蒙受障害。

人體因精神刺激而起的毛病，可以按照它的程度的深淺來分類，即：

一、第一級

這是由主觀所誘起的障害，例如：心存著「手不能動」的觀念，那麼，手真的會起麻痹而不便運動的。只要把這個觀念消去，四肢的本能才恢復起來。

二、第二級

這是精神受他方面的影響，由客觀所誘起的障害。例如：看見他人嘔吐，影響到自己也嘔吐。其他如下痢、月經閉止等病，也會由客觀的精神不快所誘發，只要把這種不良的精神消去，病患便可痊癒。

三、第三級

第三級比較以上兩級更為深大，是會興起不治之病的。例如：極大的精神恐怖或是憤怒以致腦中血管破壞而起腦充血，發生昏迷；其他精神多帶憂鬱悲傷，結果以至鬚髮變白。

以上是精神影響於身體的概說，倘若對於疾病的影響要下細詳的觀察，便可在各種精神機能上去考究，即是在觀念、意識、感性各機能上分別考究——

一、觀念的發病

由觀念而生的病，原因是在於精神過勞，如學生因過度的勤勞而發生的神經衰弱症，便是適例。

二、意志的發病

由意志而生的病，雖不能有著適當的例證舉出，但據學者所說：自己的意志，可以令自己的脈搏減少而發生生命的危險。又，帶有歇斯底里性的人，由自己的意志，可以構成假病。雖然沒有病因，也能發生頭痛、腹痛，這可以算是一種由意志而發病的實例。

三、感情的發病

由感情的反常而釀成的疾病，比較以上兩種更容易染得，而且這種疾症，多是惡性的，用藥物來醫治，很難收效，因為這種症狀，全屬於精神病，其他腦溢血和脊髓炎等病也有發生。受了重大的惡劣的感情襲擊，會起心臟麻痹以至昏迷，這是一個適例。感情是要使它調和的，倘若鬱抑著繼續不解，會使生活力沉滯，因此而發生肺結核或是心臟病等重大的症候。感情不是常常得著調和，是會成為生病的導引線的。

以上所舉出的病症，都是起因於精神的反常，所以，不論病狀的輕重和時日的久暫，倘若單靠藥物來收治癒的功效，這全是不可能的事情。根本是要在病源上去著手，調和寬解他的精神，使病的精神消去而轉換良好的精神，那麼，不必借用藥物的作用，也可把病症掃除，這當是催眠治療法特有的功能。

催眠治療法在日常生活中，可以說是一個必要的衛生方法，而是我們所不應輕視的。

第三章　催眠治療的理由

催眠治療法是不用半點藥物，只憑催眠的方法而能醫治疾病，在普通人的心理，定必懷疑著，以為是一樁不可思議的事情。其實，這種令人懷疑的不可思議的催眠治療法是人人都可以施行的，並沒有什麼地方是不可思議。人們對於以藥物來治病不發生疑慮，對於催眠治療法都以為是不可思議，這才是怪事情啊！

倘若我們用這一句說話去問醫生：

「為什麼服藥可以治病呢？」

醫生的回答，大概總是：「服藥之後，藥物即發生一種化學功用，被吸入血液中，使血液的循環作用能夠呈出化學的良好變化，神經中樞受了這良好變化的刺激，病疾便因此痊癒了。」

倘若再進一步的去追問：

「為什麼神經中樞受了刺激，疾病便會痊癒呢？」

答語大概是：化學作用刺激神經中樞，由神經中樞表現於病人的精神上肉體上，使它同時受著良好的變化。

其實：人的精神能生病，同時又能治病。這個定案，是近代心理學者和心靈學者從事精密的研究後所下的肯定。這是由於精神和肉體間的相互關係的實情而定的。精神與肉體的關係，在人們日常生活的經驗裏去找尋，便可得著很明確的實例；譬如：精神上遇著憤怒、憂愁，肉體的內臟的分泌，消化和外貌的顏色都會起變化。

倘若精神感受著劇烈的刺激，那麼，肉體也受絕大的影響。有幾個實例可以舉出來——

例一：

義大利的聖度法蘭志士，是深信基督的教徒，他的心念若果一想及基督在十字架上受苦的情狀，那麼，他自己的手足雖然不受損害，卻竟然發現流血的事實，這是「義大利古事記」裏有名的一段精神與肉體關係的傳記了。

例二：

德國曾對女囚處死刑，有一種很特異的方法：在行刑時，先引女囚走進一間暗室，牆上開了一個洞，把女囚的手從洞中伸出室外，割破她的血管。行刑的吏卒大聲叫著：「血流盡了便會死去」這含有極大恐怖意味的說話。其實行刑時只用一柄細小的刀，略略割傷她的局部，用溫暖的水徐徐潑上，吏卒隨作隨說：「流出這許多血，必定會死去了。」女囚便覺著皮膚熱痛，以為真的流盡了血液，經過了若干時候，女囚便全身青白，氣絕而死了。

這兩個實例便可以證明，精神影響於肉體是怎樣的重大和密切了。

精神能影響肉體這一個定案，已是確定不容置疑的了。所以，須有良好的精神，肉體才會受著良好的影響，這是一個因果定律，無可置疑的。

上面曾經說過：人們的精神能生病又能治病，在普通人方面講來，生病是容易的，治病卻就難了。一般人的病源，可以說是來自精神，但治癒的功力卻多歸到醫藥方面去，這是目前治療界裏不可掩沒的事實。不過，這種情形，實在是人類本能消失的表現，是極可憂的。

一個人的平常狀態的精神，是不能發生什樣的大力的，它不能夠依照心裏的想念去把疾病治癒；但催眠狀態的精神，卻能發現出絕大的力量，它對於自己的疾病，固然能夠起良好的影響，即對於外界的事物，也有超異的作用。催眠療法的成立，即在這運用催眠中的精神，刺激病患的一個作用上，比較起那使用藥物的化學力來刺激病患，實情是一樣而效力卻比較偉大。

有人會疑慮到催眠治療在醒後會消失它的效力的，其實這一點地方，大可不必憂慮，因為催眠治療裏所用的暗示，是有一種殘續性的力量的，這種力量不只在催眠時間內能夠影響病者，即在催眠醒覺後經過若干時間也仍然有效的；暗示裏含有這種特性，所以催眠治療上才能有完全的效用。

催眠暗示力，殘續在患者的精神上，比較藥物的化學力殘續在肉體裏更來得強大。催眠治療法可以說是根本的人類本能的治療法，它所顯發的治療功用，藥物是不能望其項背的。

第四章　催眠治療的特色

人們精神上、肉體上，天天受外界事物的刺激，便難免會遭患疾病了，在今日這生活競爭的時代裏，這種情形更加顯著。只要看看今日新藥的發明和醫生的擁擠，便是一個實證。

現在，一般人對於疾病治療的觀念，大概是：今日覺得腦痛便服補腦丸；明天覺著感冒便服退熱劑；後天覺著便秘，便又服瀉藥。其實，這種觀念是有著極大的錯誤的，因為一個人的身體天天被藥性攻擊，元氣必定受損；服用藥物雖說可把疾病一時壓治，但要知道藥物是含有另一種副作用的性質的，這種性質潛伏體內，不久又會誘發起第二種病症來，這是要留意的。

一般藥物療法的診察，只是依據病人說是頭痛，便下頭痛藥；說是腹痛，便下腹痛藥，這便是所謂的對症療法了。這種藥物的對症療法，常常曝現了缺點出來：同是用一方藥劑，去醫治同一的病患，但常常是施用在甲某的身上而見效；施用在乙某的身上卻全不生效的。這是任何名醫也難免去的缺點。

至於由精神或心理所釀成的疾病，便更非藥物所能夠治療的了。這一句說話，不論是中西醫界，都承認的了。

醫藥療法，在今日雖然是很發達，但是仍然難免如上述的缺點。講求衛生的人都應當覺悟到：專靠藥物療法來作卻病保身的方法是最錯誤的，還是採用催眠療法的功用來收取健康的實益罷。

因為催眠療法是疾病的根本治療法，而且可以避免了藥物的副作用的遺害。此外還有幾種特色是醫藥療法所不能有的，即——

一、催眠療法即使不生效力，卻不致像如庸醫足以殺人。

二、催眠療法能治別人的病，更可以用來治自己的病。

三、催眠療法有暗示殘續性的力量，病癒後沒有復發的缺點。

第五章　催眠療法的骨子

用催眠術來療病，必定先要用施術法陷病人入於催眠狀態中，才能收穫功效。

催眠治療，是乘病人在催眠狀態中，誘起病者的精神，使它影響到病患，那麼，病患才能被治。

要怎樣才能誘起催眠狀態中病者的精神去影響病患呢？這是完全靠賴著施術者的暗示了。所以，催眠療法的骨子，便是暗示。不論是他人催眠治療，或是自己催眠治療，都少不了這暗示的功用。

有病的人，陷入催眠狀態裏，他的精神是靜而不動的，對於自己的病患，精神發顯不出什麼力量，但一得到了施術者的暗示，便會興起異常的作用了。譬如：施術者對於頭痛患者，施行：——

「頭已不覺痛——頭痛全消——精神身體都很舒服。」

這種暗示，這時病者的精神忽起感應，也連同興起適應暗示的一種觀念，頭痛真的消失了。更依暗示殘續的性質作用，醒覺後，不痛的暗示，仍然存在，頭痛的病樣便不再發生了。

自己治療法是在自己催眠狀態中，提起自己暗示，功用是同他人暗示一樣的。不過要自己催眠熟練的人去施行，才能收顯著的功效。

第六章　催眠治療暗示

在施行催眠療法之前，先要對於患者的病症診斷清楚，更要追問患者致病的原因，然後依法把患者陷入催眠狀態中，再施給暗示。

暗示的施行，普通分做三段：

第一，除去疾病原因的暗示

如患者是神經衰弱，那麼，他的病因必是起於憂愁煩勞；憂愁至患的便用這種暗示：

「如今你心中不要憂愁，應轉為愉快。以前你所憂慮的事，完全不是事實，已經消失了——現在你的精神非常舒暢，心胸安樂，不會有病……」

若果病因是起於生殖器的，便先用這種暗示：

「你的生殖器如今十分健全，毫無疾病，從前的痛苦，已經被催眠帶走了……」

無論什麼病症，倘若能夠先治去病源，病情便已經減了。

第二，除治疾病的暗示

如患者是神經衰弱病，便可以按照病情，使用如下的暗示：

「如今你受催眠治療，精神便會清爽，腦力充足，記憶力增加，思索考慮，毫不困難，做事能力有很大的增加，身體轉強，全無病痛了……」

或是這樣暗示：

「精神衰弱病，經過催眠治療，完全痊癒，精神加倍充足。」

第三，使之攝生的暗示

對神經衰弱的人，可以施用：

「你以後對於任何事情，都不要過慮。心境安適，閒暇時舉行輕巧的運動，切勿坐著默想無用的事情。醒後無論何時，都要記著這樣……」

這樣暗示。其他的病症，術者要按照病情變通運用暗示，使他知道攝生。

第七章　催眠治療必要附帶的暗示

催眠治療除以上三段暗示之外，還有幾種附帶不可缺的暗示：

一、精神安慰的暗示

無論對於何種病患的人，必須給予一種精神安慰的暗示，即在施術之前，須對患者說：

「你的病症，用催眠治療法可以收穫絕對的醫治功能，請放心，不要憂慮思疑。」

等到施術終結，將要醒覺時，又應該給與：

「你的病患，立刻痊癒了，絕不會再發的，請安心休養，不要多方思慮。」

這樣的暗示。即在患者完全醒覺時，也要多說如以上的安慰話。

二、夜裏熟睡暗示

無論對於何種病患的人，都應該施與在夜裏能夠熟睡的暗示，如：

「在夜裏，比從前能夠十分熟睡，不會作夢，直到天明方醒。」

不論何種病人，如果能夠感應安眠的暗示，便會有良好的影響，快使病症消退。

三、胃腸健康的暗示

無論對何種病患的人，都應該使他的胃腸力充足。所應用的暗示如下：

「你的胃腸經我治療後，已轉為健康，消化力增強了，排泄順利，絕不停滯。如今胃口極好，食慾增進。」

四、身心愉快的暗示

無論對於何種病患的人，都應該使他身心愉快。所應用的暗示如下：

「受催眠治療之後，無論在什麼時候，精神和身體都覺著愉快。」

以上的暗示所用的語句，不過是一種例子，在施術時可以按照病情隨意活用。

第八章　催眠治療暗示注意之點

催眠治療和藥物治療，在方法上雖然各不相同，但彼此的目的，卻同是在消除疾病的。藥物療法是按照病症而投以對症的藥劑，這是藥物療法的治療的原則；至於催眠療法卻是按照病症而給予有效的暗示，這是催眠療法的治療的原則。兩者的目標，都是要使疾病消止，這一點地方是一致的。

催眠治療裏的暗示，是與患者的病患有著極大的關係的，所以不能不加以注意。所應注意的地方，除第二卷第十四章所列各條之外，更應注意以下各條：

一、初次治療所用的暗示，雖然不妨使用：

「病就會好。」

「病症不久會好。」

「大概不見疼痛。」

種種不決定而有商量餘地的語氣，但是若果經過了多次的施術後，就不能再用這種不決定的語句了，必須換用：

「病症即可痊癒。」

「醒後精神一定安健。」

「絕無疼痛。」

種種有決斷語氣的暗示。

二、解除疼痛暗示，在施術時要逐漸施投，不可遽然施與，過於唐突。

譬如：對於腳痛的治療，先暗示足部能活動，見效後，又暗示足部能夠踏地，倘若也能發生感應，便再暗示他舉步試行；如是逐漸暗示，使他發生感應，才能得著實效。倘若暗示的施與太過無理、急遽，不顧順序，無論如何，總難有效。

第九章　催眠治療法

催眠治療可以分做：

一、聯合醫藥應用；

二、單獨治療應用。

有醫藥學智識的人，運用催眠治療時可聯合藥物治療法混同使用，那麼，治療的進行，猶如船出大海，順風掛帆，效用更加迅速。沒有醫藥學智識的人，能專心一志去研究催眠治療，得到巧妙的運用，功效原來是偉大的。

有人說：催眠術是萬應萬能的，可以打倒一切醫藥療法，這說得太過，不是正當的催眠術者所說的話，因為人的疾病有適用催眠治療的，也有不適用催眠治療的，對於那些不適用催眠治療的疾病，便不能勉強去使用催眠治療了。

催眠治療，必須乘病者在催眠狀態中，才可發生治療的功效，所以想運用催眠治療法，應先照第二卷第二十章所述的施術方法，陷病者入催眠狀態裏，然後按照他所患的病，再使相當的暗示。

催眠治療法，並不是同普通的催眠施術法有異樣的地方，不是另有一種特別的施術手段，只不過是催眠治療法比較普通的施術多加上治療的暗示使病者感應罷了。所以想能運用催眠治療，必須等待催眠術練習成功之後，才能實行，若果輕率嘗試，病者還不曾陷入催眠狀態，便不能發生治療的影響。

如果催眠目的是在治療方面的，施術時，只要把病人陷入淺催眠程度裏，便可運用暗示為病人治病，不必陷入深催眠程度裏的。至於遊戲的試驗，被術者的身心曾感到很大的疲勞，切不可向患病者濫行施與。

催眠治療法，既然不是另成一個特別的催眠方式，而是與普通的催眠法同用的，所以，本章沒有再述施術方法的必要。現在專就適用催眠治療的病癖、分別種類、性質、病狀，加以解說，俾同學們用來參考。

第十章　神經衰弱（Nervousness）

這一個病症可以分為：

腦髓神經衰弱；

脊髓神經衰弱。

凡是患有腦髓神經衰弱症的人，隨時會感著頭痛，頭暈，記憶力低弱，食量退減，夜難安眠，感情失常，神經過敏，遇事多懼多疑，全無英偉的氣象和敏捷的精神，甚或自陷於悲觀的境地裏而逼於自殺。

致病的原因，多由於精神過勞，心念太雜，房事過度，手淫太濫，憂愁刺激，煙酒中毒等而成。更有連同別種症候併發的，那更來得重要。

脊髓神經衰弱症，雖然比腦髓神經衰弱症略輕，但也常有四肢抽筋、關節酸痛、不便運動等患。

致病的原因，與腦髓神經衰弱症相同。

病症初起的時候，患者自己是不會知道的，旁人觀察，也不會清楚。只是覺著患者的精神不像從前的健全，做事不像從前的靈敏，若果不知道休養精神，照常勞動，病情便會加重。

待到病者稍為覺察，那時神經已呈過敏的病狀，因為神經過敏，便遇著身體有小小的毛病，也當著是不得了的大病，急於求醫治理。倘若醫藥無效，心裏更是焦急憂愁，病又加重一層，結果是作業上的能率大受影響，不至停業不止。

患了這種病症，雖不至危及性命，速於死亡，但精神上實多困苦，失卻人生樂趣，應該趕快醫治。

治療時應該仔細追求病因，如果病因是起於精神過勞的，便要使他停止工作，方能施術；病因是起於房事、手淫、憂愁、煙酒的，便要使他把致病的事情戒斷，否則功效不顯。

施術治療時，先用：

「你的神經衰弱症，極合催眠治療，經此次施術，病必消退。」

這種暗示，陷患者入催眠狀態中，然後按照所患的最重的病，先著手療治。如病最苦頭痛，那麼，一面用手撫摸他的頭部，一面施與：

「你的腦筋經過醫治，已經轉為強健了，醒後完全不會發痛，反而精神暢快，腦力充足。」

這一個暗示。

神經衰弱的患者所遭的病症，大概是不單止一種，多是二三種同時發現的，先把最重要的一種退治後，便可順次把那輕的加以治療。

對於這種病人的病症，倘若能把他所患的最重要的病源治退，那麼，雖是發生了多種病症，也自會痊癒；但要留意這種病人的心理是異常的，最容易發生疑心，目前的病症雖已痊癒，但每每以後一有感觸，便會惹起舊病。關於這一點，在治療時應施與：

「病癒之後，不論何時，你的身體都很健康，心裏全無疑惑，斷無再憂病發。」

這一個暗示。

以上的暗示，或在患者痊癒後再為他催眠，單獨施用也可以。這樣就可以堅固他的心念，防止他的疑心，才算妥當。

對於重症的神經衰弱患者，施行治療不宜求速，非多次施術不易生效。同時要使他旅行郊外，或做輕巧運動，舒快精神，那麼，治療上當有良好的進行。

第十一章　先天性神經衰弱症

上面講過的神經衰弱症，是由於身心勞苦過度所釀成的，屬於後天性的神經衰弱。至於先天性的神經衰弱，卻是由遺傳而來的，所以在出生時便帶有這種病質，所謂「神經質」的人，即指這種神經衰弱病的人而言。

先天神經衰弱的病症，不關乎精神勞動，在幼年時便會發生。這種病人，若果再受不良家庭、不良教育、不良環境所影響，病勢必至加重，施行治療便不容易了。此外也有因手淫、菸酒中毒，或由其他病患加重了病質，一旦發生了激烈的神經衰弱症，那麼，所遭受的痛苦，比後天性神經衰弱症的病勢更加嚴重了。

帶有這種病質的人，在幼小時是頗覺敏慧的，在學校裏很可以讀書，不過對於美術、音樂、物理、數學等卻不甚接近，或竟是完全厭惡。

等到年紀長大了，敏慧的天性使漸漸衰頹了，性情也改變了，觀念常存空想，感情變易不常，歡喜時使大發議論，忽然又變做憂鬱，默默不言；若在憤怒的時候，什麼慘虐的事情都敢做出，毫不怕人。這種病者，沒有理解性，沒有判斷力，不能用理性來制止他的。

苦悶：是這種病人離不掉的痛苦，倘若一時消化不足，便秘下痢，他會覺著異常的苦惱，就會呼吸困難，甚至竟會昏倒。

這種病人，更常有一種強迫觀念的存在，因此，便會有幻覺幻想等令人稱怪的事情做出來。

對於這種病者，治療起來，頗費手續，並非兩三天功夫可以成事。想要把他的遺傳的病因消除，很不容易。唯有先把那些會影響到病質加重的事情除去，如：不良的家庭、教育、環境等，這些是要使他的家人設法改善的。手淫癖、菸酒中毒等卻可先用催眠治療，然後再對症治療。

施術者最好能夠對病者表示一種同情心，或者是病者所敬仰的，那麼治療起來，收效較易。術者乘病人在催眠中活用暗示，以消除他的神經衰弱而轉為精神健全。其他因時制宜，術者可自由擬定。

第十二章　麻痹性癡病

這病症和神經衰弱症相類似，但病勢比較重大，因神經衰弱的人，意識還是清晰的，自己所患的病也能夠自覺，記憶力、理解力雖說不良，卻不是完全消失。至於麻痹性癡病的人，他的意識、理解、記憶等，更比神經衰弱症低減，有時或竟至消失，人物地方，都分辨不出，言語混亂，意志已失去控制力，成為一個癡病的人，而他自己卻毫不感到。

這種病症的起因，多是由於毒黴的侵襲。患染這種病症的人多在中年時候，即自三十五歲至五十歲之間。若用醫藥治療，全不生效，卻宜於催眠治療，但也很費手續，非富有經驗的催眠治療，難以收效。

治療時，應先除去病原的黴毒，施與：

「你的病是因為有種黴菌的病毒在身體裏作祟，所以使你精神受苦，現在我用一種秘術把你體裏的毒病消除，以後精神變為良好，心念安靜，比前大不相同，疾病也就好了。」

這樣的一個暗示。

或再用一種假面暗示，即使病者略進嘔吐病，當他嘔吐時然後施與暗示：「如今病毒完全吐出，病快好了。精神靈慧，意識開通了。」

病毒治退後，便可按照他的意識、理解、記憶等，用暗示來使生良好的影響，逐漸治理。

第十三章　早發性癡病

這病症與麻痹性癡病同為難治的一種精神障礙病，多在春情發動時候發生的，也有在幼年期便已發生的。病源多由於遺傳而來。病起時，病人便發生許多錯感、幻覺，更有一種妄想存在，精神混亂，感情興奮，發生打人罵人的舉動；也有些是感性遲鈍，終日靜默不言的。

當妄想發生時，精神凝結在一件事情上，其他別的觀念，都非常薄弱，對於羞恥之念，簡直沒有存在，旁人的語言嘲笑，固然不足介意，即自己的衣服不整齊，或竟露體赤身，也處之坦然，有時發出無意識的動作和語言，病者的心意全不會悟到，也不會因別人的指責而停止他的妄想妄動。

這病症在初發的時候去治療，還可容易收效，時間長久了便難治療了。

治療時，主要的工作是：寬解他的精神，糾正他的妄想，要待他的精神覺著安靜時，然後才可施術；或用睡眠中的催眠法也可以，凝視法和凝聽法都不適用，只可用撫下暗示法，如果施術者是修養有素的，便可用精神威壓法或心靈治療法。

對於重病的發狂患者治療，須預防他狂病發作，至有粗暴的行動，可以緊縛他的四肢，綁束他的嘴巴，然後施術。

第十四章　舞蹈病

這病症多是發生在神經質的八歲至十六歲的女子身上。起因是在模擬作用的精神傳染，或是由於恐慌的結果，也會獲得這種病症，這是精神因一時感受障礙所起。若從生理學上說來，便是病患在腦皮質運動區域上，所以同別的精神病的病態不同，而發生這一種跳舞的運動。

染有這種病症的人，多感著抽筋痛，先是手腕抽筋，其次是到顏面，以至身體四肢。有時只是半身感著抽筋痛，有時卻單在上肢或下肢，左右交叉發作，有時兩手兩足一齊發作。身上的筋肉經過這樣抽縮，四肢便會發生不隨意的活動而呈一種無秩序的衝動，病者自己不能自製，雖被旁人看見，也不以為恥。即在睡眠中也有發現，只有在催眠狀態中才會停止。

病者的精神不振，面色青白，身體瘦弱，做事無力，但癒後卻會轉為良好。

治療施術，應該在精神安靜時，先制止他的抽筋痛和跳舞癖，若能察知他的病源，著手先把它除去，然後寬解他的精神，使他復原。

第十五章　精神病

這病症是由於精神反常，不單只因神經發生障礙而生。病者已變成顛狂，自己全然不能感知自己，比較神經病的人更深重。

致病的原因，多由於遺傳而來，其他如受了劇烈的感情刺激、酒精中毒、梅毒或頭部受傷和深度的神經衰弱症，也會成為致病的原因的。二十歲至四十歲的壯年，多患此病。

這病症可以分做許多種類，病狀也有相異的地方。現在僅舉出兩種比較普遍的來討論。

一、憂鬱的

患者常抱悲哀的心念，疑惑很大，常常以為有人來傷害自己，或是說食物裏有毒，感著極端的憂慮而萌自殺或絕食；倘若是暴性的便憤怒亢進，發生殺人的行為，精神已陷入非常錯亂的狀態中。這種病者不能使他見人，只可一人獨居一室，否則便會發作。

二、狂大的

患者意志非常傲慢，輕蔑他人，存有空大高遠的妄想，不是誇說自己是偉人、總統，便以為自己獨駕群倫。一時偶有感覺，便怪叫高呼，毀器擲物，暴亂狂行，不聽受制止。

除以上兩種外，還有些比較輕些的如：色情狂、貪食狂、愛小兒狂、愛金錢狂等。在外國婦女中更有一種養蓄動物的狂等。

精神病和神經病有許多地方是相類似的，但其實並不一樣，看病勢的程度便可以分別出來：第一步是神經病，神經病的加重，第二步便是精神病。

神經病的人，在知覺上比較還算是清醒，不像如精神病者的混亂狂喪。有時心理竟能清晰，明白自己所遭遇的病症，而發生求治的心念。

精神病者便完全消失了這種知覺。治療者只要看見來求治的病人是單身的一個，而對答語言上還能清楚不亂的，不問而知這病人的病勢只是神經病，卻未陷入精神病的。

精神病者絕不會單獨一個人走來求治，因為病者已完全喪失了理性。這種病症，難得痊癒，就算能夠治療，癒後也會發生不良的狀態。

施行治療時，要細察他的病源，先把病源除去了，然後制止他的狂態。倘若病源不能除去，便失去了治療的希望了。

施術時要束縛病者的四肢和口，免被毆擊或咬噬，等他的精神稍為寧靜時，然後施術，或等待他睡眠時，在旁邊施與暗示，也可以的。

最好是術者能用點手段，先與病者結交，做成情投意合的樣子（不施威嚇，故意迎合他的心理，便可達到目的），然後等候機會來施與暗示，那麼，不論在醒覺的狀態中或催眠的狀態中，都容易發生效用。

治療這病症，絕不能求速。一切手續方法，都要因時制宜，不能硬定硬行，所以要有經驗的術者，才容易著手。能兼用心靈治療法相輔行進，更為妥善。

第十六章　癲癇

這病症的起因，多由遺傳而來。所以年幼的人，也會發生。其他如由於酩酊時受孕，所生的子女也會發生這種病症的。又飲酒和房事過度，也可成為這病症的誘因。還有精神過勞、貧血、梅毒也是起因之一。

病發狀況可分做四期說明：

第一期

即所謂前兆。由上肢或下肢，或心臟，或胃部等處，好像是發生一種微風，吹向頭部，便起一種特異的感覺，嗅著一種臭味，眼裏看見一種紅色，耳朵聽到一種特異的聲音。身體覺冷，又忽然熱。手變蒼白，又忽然變紅，心跳頭暈，精神恍惚。

第二期

發生抽筋，突然倒地，意識全消，感覺停歇，當倒地時，發出叫聲後，便不省人事，身體強直，頭部後垂，牙齒緊咬，四肢直伸，手指屈捲，呼吸靜息，顏面變白。

第三期

顏面筋作劇烈的收縮，瞳孔放大，反應力消失，不怕強光。口涎、糞、尿都會流出，男子竟會射精，這時常會咬破舌頭；俟太息一發，便轉入第四期。

第四期

轉入昏睡，唯呼吸安靜，顏色漸次復原。過後便轉入普通睡眠。睡眠時間多少，按照病者的慣性而定，不是一律的。第四期終了便醒覺了。

醒後身體復原，與常人無異。中醫稱為「發羊吊」瘋病。與生命無礙。

以上所說的，便是癲癇病發作的病狀。重病的便是如此；輕病的發作，卻不至如是的劇烈，只覺著眩暈昏睡，或暫時呈失神狀態。

這種病人，在未染病時，是具有很聰明的姿質的，但染病之後，神經衰弱了，記憶大減，作業退步，性情變易不常，且時有暴行。對於自己也會起自殺的錯念。這種病症癒後雖不致十分惡劣，但是屬慢性的，往往經數十年也不能斷除的。

施術治療，要在病發之前，先制止他的前兆，即不使他的精神混亂，筋肉抽縮。若果病者能感應這種暗示，即不再發現。不過病源未清，就不容易斷根了。只有先從他所感到的病患如頭暈、神經痲痹、精神鬱結等施行治療，然後再治療他的本病，一面使他講求靜養攝生，補助心身的健康。

第十七章　歇斯底里

歇斯底里Hysteria，又譯做希斯底里，是一種病症的名稱，從希臘語Hystero

轉來。這Hystero的原意是解作婦人的子宮。往時的醫便以為這種病是子宮病，決定它是婦人所特有的病症。但在今日醫學已經進步了，才發現這種病不是子宮病而是神經系的。男子患有這種病症，習慣上不稱做歇斯底里，而稱做希波空的里Hypochondria。

發病的原因，多由遺傳而來，或由精神模擬，也會這樣。譬如：父母是歇斯底里病的人，子女也就容易發生這病症。此外也有因子宮炎、月經閉止、貧血病、傷亡失戀、不平、驚慌、嫉妒、遇人不淑等，以至精神憂鬱而起的。

這病症發生時，會連帶發生其他許多別的疾病。如在知覺上便會發生神經過敏，興起幻覺、幻感，遍身知覺麻鈍，被人擺弄也不知痛癢。在運動上便會發生痙攣麻痺，一時不能有適度的動作，痙攣經過，又會發暴動打人，在精神上的疾病便會發生意志朦混，情感失調，與精神病相似；在內臟的疾病便會發生嘔吐、腹痛、心跳、便秘或下痢等。

患者在安靜的時候，多是感著頭痛，神昏，閉目沉默，常現睡態，不比普通人能夠做事，治療起來，很難得到痊癒，但也不致有性命之憂。最好是用心理治療，迅速地制止他再發。否則，便要等到月經停止時期，病症才能夠消除。

術者倘是病者的好友，或是術者而得病者信任的，那麼，催眠暗示的感應便容易了。因為這種病者的感情是惡劣的，施術起來，很費手續。

施行治療，應該先探明致病的原因，用暗示把它消除了，其他各種附帶病，即不加治療，也自然會好起來了，若果病源不容易清除，便須多費時日，先就他所最感不快的病，著手治療，以次用對症的暗示減少病勢，再向病源治理，自可收穫效果。

第十八章　神經痛症

凡是神經某一部分有障礙，該部分就會起疼痛。由成年到五十歲這一個時期的人多會患著。起因多在神經衰弱、煙酒過度、感冒外傷、貧血、梅毒、肺病、生殖器病等。

患部疼痛，忽強忽弱，有震顫、抽攣、運動困難種種病狀。病久不退，令人飲食不想，情意鬱結。

治療時，先察知他的病因，把它消除了，然後發散疼痛。若患者在極痛的時候，便不可施行催眠，施術者只用手輕撫患部說：

「疼痛已覺輕快——心念不必注意在患部，痛更減少。停會我將為你催眠，疼痛便會消散。」

這種說話，不妨反覆多說，至病者覺著疼痛輕減，然後叫他不要注念在患部，一心凝注我這兩個指頭，痛若就會消散。又說：

「一心看著，眼睛疲倦就閉起來。」

用這凝視法來施術，使病者閉目。只要在淺催眠狀態時，便可施用暗示，著手治療。

神經痛症，按照各種病狀，可以分做許多種病名，現在分別講述如下：

甲、神經性頭痛

是由神經質、神經衰弱、歇斯底里病的人發生的多，其中也有因生殖器病，或一時身心勞動、暴飲暴食等所誘起的。

這一種病症與因其他病患而誘起的頭痛，或真菌性的頭痛有區別。疼痛發生的部分多在側部，所以也稱做偏頭痛。

患部皮膚成蒼白色或紅赤發熱。患者常覺乾燥或發痛，但疼痛不是長時間的連續的，一到睡眠就不發痛了。發作的日期，至多延續到幾星期就會間歇。不過經過若干時日後，又會復發，不容易斷根。

治療以消散疼痛為主，可參照上章的方法，但施術時，不宜使用凝視法，宜取用撫下法。

乙、肩膊神經痛

是由於外傷、風濕、感冒而起。上肢硬直，運動困難，疼痛頗烈。施治方法，可照上節。

丙、肋骨神經痛

病因不曾清楚知曉，其中也有由於脊髓病、感冒、歇斯底里病等所誘起。患處多在左右邊肋骨。治療方法，可參照上節。

丁、腰骨神經痛

腰骨發痛而波及腿部，以致運動不便。起因由於感冒濕滯，或打擊等，使該神經發生障礙。治法同上節，也可用凝視法。

戊、坐骨神經痛

曾患脊髓或熱性病，或血行障礙的人，便會發生這種病症，此外或因感冒，或不慣勞動的人驟然勞動，也會發生的。疼痛由骨盤神經發生，會波及到腿部膝部和足背，以至行動不良。疼痛是逐漸擴大的，在晚上或運動時發痛更甚。

第十九章　顏面神經麻痹

人的顏面，不像身體四肢，有衣服遮蔽，所以顏面神經，最容易受外界刺激。致病原因，多起於感冒；如：開窗夜臥，馳馬，乘汽車，面部受烈風吹刮，最容易惹起。此外也有因腦底部、耳部有病，或梅毒、鉛毒等，也會惹起。

病狀：是半面顏面筋肉弛緩，前額皺紋消失，眼擴大而流淚，口角下垂，流涎。若把前額的皮肉縮動，會牽連鼻子歪斜，呈現一種發笑的樣子，或是想要說話的樣子。頰部腫脹，口唇運動不便，有礙語言和食物的咀嚼，甚而消失味覺，聽覺也起障礙。

治療這種病症，輕易的半個月可以成功，重大的便要幾個月，甚至數年數十年也說不定。

治療時，先用暗示來消止痲痹。

施術方法，同上節。

第二十章　神經性心臟病

這病症的起因，多在：精神勞苦，心境憂鬱，房事及手淫過度，貧血或流血。

病狀：心常跳動，呼吸困難，每因腦充血而脈搏減少，以至失神昏迷。

這病症要速治，病者自己的心念不要注意在病患上。施術者應先察知病源而著手把它清除，那麼，才有治癒的希望；否則，單去治標而不治本，必至心悸仍是亢進，不能寧息。病者須從事靜養，能用自己催眠治療，當獲很大的效果。

第二十一章　神經性不眠病

這病症的起因，多是發生在：神經衰弱、神經質歇斯底里病的病者。這種不眠症的病勢，比較其他別的不眠症來得重大，因為染有這種病症的患者，每不單止患一種不眠症，而連帶有其他的病症在身體裏助長病勢。

譬如神經衰弱者的不眠證，在本人的心念中以為自己是不會入睡的，設使忽然有一夜竟然酣睡達旦，但醒後患者的心念中仍然以為自己是沒有睡覺，存有這種心念，便會影響身體，將永遠得不到睡眠的益處，精神將不會回復健康了。

患者在夜裏，他的心念常在不息的描想事情，所以精神不能寧息，難於入睡。這點地方，治療者是要知道的。在施術之先，預先問明白了患者在夜裏所描想的事情，等到在催眠中便用暗示去把它打消。

治療時，應該消去患者「不眠的觀念」，施與「安眠」的暗示。

第二十二章　急性胃炎

患者忽然覺著食慾減少，起反噁心，食後又即嘔吐，心胸飽滯，胃部覺痛，身體發熱。

起因是由於飲食過度、消化不強、感冒、中毒和咀嚼不勻。其他由於感情上驚憂憤怒，也是這病症惹起的誘因。

治療時注意他的病因。施與「不痛」、「消化力強」、「身體舒服」等暗示。

第二十三章　慢性胃炎

這種病症的起因，是由遺傳、肺癆、腎炎、風濕等釀成。也會先起急性胃炎而轉成慢性的，又因飲酒過度或藥劑濫用，致使胃壁血行障害，那麼，病一發作，便成慢性胃炎。

病狀：患者面貌蒼白，毫無血色，身體衰瘦，動作懶倦，頭痛眩暈，心胸脹痛，不思飲食，便秘或是下痢。這種病症，比較急性的來得複雜而難治。

這病症可分做：

一、弛緩性

二、強烈性

的兩種病勢。現分別說明如下。

弛緩性：胃壁弛緩，胃蠕動不靈活，消化力大失，不能消化食物，病者極形衰弱。

強烈性：這是重大的胃炎症，除了胃部本身感著痛脹之外，胸骨、脊骨都受影響，發生嘔吐、心跳、眼花、口渴、舌帶白苔、口氣臭惡、時常便秘。直腸被壓而想大便時，所排出的不過是些少的稀薄水液罷了。

若精神沉鬱，不思動作，夜裏又多失眠，這種病勢更加嚴重。倘嘔吐見血，便是患上胃潰瘍了；吐出灰白色的渾塊物，便是胃內起腫瘤了，老年的人，容易轉成胃癌。

治療時，先清除病源，令患者注意食物。再用暗示來增強他的消化力，使他排泄正常，止嘔止痛。

第二十四章　胃　痛

這種病症，患者多屬婦人，病源多從貧血病、子宮病和其他婦人生殖器病而來。

病狀：胃部痙攣，刺痛不堪，影響到背部，全身感著辛苦，面貌蒼白。在痛時，俯屈著體，用手壓撫患部，痛感會有停歇時間，暫時便不覺痛，但不久痛又是發作。在平時便感著疲倦、胸腹不安、噎氣、便秘等患。

若胃部小血管痙攣，小動脈塞滯，胃黏膜受熱傷，便會成為胃潰瘍症，再加重大，便會變成胃癌，痛無歇止，治療不易。

單純的胃痛，癒後可以得到良好的影響，若日久不治，胃部受傷，便會轉成胃癌症，治療困難。

治療時應該先清除病源，再為停止疼痛。

第二十五章　消化不良

這病症並不是因胃腸病而誘起，只不過是一時飲食不慎，或心意煩悶而生。病狀：心胸飽脹，大便秘結，只要停止不良的飲食，或斷食一兩天，便可無事。治療時可以用暗示來影響，使他得著正常的大便和消化，再寬解他的心胸，即可痊癒。

第二十六章　腸　炎

這病症的起因，是由於多食不良的物品，有發酵性的食物和水果冷劑及藥物中毒等而生，輕症的可以迅速痊癒；重症的便發生頭痛、身熱、腹鳴、下痢、消化力弱、胸腹感痛、精神不安、身體瘦削。

若十二指腸都起炎熱，便與胃炎症相似，而且會波及膽總管，惹起黃膽病，癒後不能說一定都良好，小兒更是可慮。

治療時應該除去病源，再用暗示使腹腸生熱，止痛止瀉，增長消化力。

第二十七章　哮氣

氣管炎或是感冒，便會患這哮氣症。患者多是小孩。

初起時，喉裏發出一種微聲，漸次哮聲增大而發咳，頸筋膨脹，面紅淚流，痛感有停歇續發生，能惹起肺病，若發現身熱過度，皮色青白，呼吸困難，脈搏亢進，這便是肺炎症了。所以患哮氣的人應該迅速施行治療，不宜延誤。

治療應能暢病者的氣管，停止哮聲，慢慢調理。

第二十八章　喘息

這病症是由於氣管枝筋痙攣而生，也有因鼻部的病患影響反射而生的。患者多是二十歲以上至老年的男子。其中也有因遺傳而來的。神經性的喘息，是屬於慢性的，速治不易。病發時呼吸困難，氣息牽長，喉裏發聲，面青發汗，辛苦異常。愈後良好，但想從根本剷除病因，卻不容易。

治療時應察知病因所在而加以清除，再用暗示使息氣呼吸平順。若病者能夠施行自己催眠，強固「停止喘息」的觀念，便更有效。

第二十九章　僂麻質斯（關節痛）Rheumatism

關節疼痛，是由於一種風濕所釀成，因為是感冒受濕的緣故。最近醫學界的主張：風濕是由一種毒性菌的傳染而生，身體裏若有了這種毒菌，一遇潮濕，便容易惹起這關節疼痛症。患者多是成年至四十歲間的男子。

病狀：身體各部分關節間起急性疼痛的腫脹。如肩部、胸骨、脊部、腰部、手部、胯部、膝部、足部等關節發生紅腫，疼痛甚劇。接近患部的筋肉也會因波及而起腫脹。關節滲出物中有釀膿性鏈鎖狀球菌，及葡萄狀球菌。這病症若沒有別的病症一起伴發，早為施治，便容易治理，不過難免不會復發。

治療時用暗示停止腫痛，舒展四肢，流通血脈。

急性關節痛若延誤不治，便會轉成慢性關節痛。慢性關節疼痛不止一部分，遇著寒濕的天氣，痛感會受影響而加甚，患處呈硬直，變成畸形，不良於活動。雖沒有性命可虞，但很難治癒。

治療法除用相當暗示之外，可採用離撫法，如接觸撫摸，要在患部上面加層潔布。

第三十章　筋僂麻質斯（筋絡痛）

筋絡痛症，冒寒為其一誘因，同由風濕所釀成，在春秋季中氣候變換時容易發現，為流行性蔓延，有類於關節痛症，不過這病症感痛的部分不止在關節，而是痛在筋絡上，且有遊走性，患處會移動，不定於一點，若侵及頸部筋痛，頭部便不能自由運動；肋部筋痛，便使到呼吸、咳嗽痛楚加甚；腰部筋痛，便使身體不能彎曲。

治療手術同上。

第三十一章　陰　萎

這種病症多由別的病症誘成，如慢性淋病、脊髓勞、糖尿病、睪丸病、慢性腎病、貧血等都有釀陰萎病的可能。此外因神經衰弱、房事手淫過勞、嗜酒，也容易犯著這病症。至於先天生成的陰莖縮小，睪丸發育不完全和身心衰老，當然是難免這病症的發作了。這種病者有些是色情不起的，有些是反覺興奮的，但一到交媾時，陰莖便會萎縮。

這病症的起因還有是因心理作用的，如交媾時心慌意亂，或存有陰萎的觀念，便會起陰萎症。這種心理的陰萎，很容易醫治。

治療時先清除病因，再暗示停止，臨時陰萎便可。但一般先天的和老人的生理的陰萎，卻不容易救治。

第三十二章 早漏

患早漏病的雖不至臨時萎縮，但僅達內部便會射精，雙方都得不到樂趣。早漏的結果，與陰萎相類。

精神過勞，身體衰弱，重病之後，都會患染這病症，此外因臨時色情亢進，心意急遽，也易發生。

治療時可使用暗示停止早漏，益腎固精，使他臨時不要慌忙情急，當時的心念專注在別的事情，便可延遲射精。病者能行自己催眠更佳。

第三十三章　遺　精

這病症是由於慢性淋病、精囊炎、膀胱炎、龜頭炎、尿道狹窄、神經衰弱、胃病、腎病、感冒、手淫、房事過度及嗜酒等所誘起，初起時，在睡夢中不自覺地射精，日久不治，便在日間也會不自覺泄出精液。此外如大小便時，持重物用力時，精液也會排泄，以致身倦頭痛，元氣大損，誘起其他一切虛弱病症，為害很大。

治療時可以使用暗示停止遺精，然後除去病因。病者能夠自己催眠治療，功效便可加倍。

第三十四章　夢　精

這病症與遺精相同，所差異的地方便是：遺精是無故射出精液；夢精是在睡夢中幻著交媾或淫行而把精液逼出。起因是由於色情亢進，日間思慕異性所致。

此外也有因睡時肩膝部被風也會發生的。這種病症，在青年人中，誰都不免，但不能容它成為慣性，否則便會轉成遺精病。能行自己催眠，收效自易。

第三十五章　遺　尿

這病症是小兒的一種癖病，起因是在膀胱括約肌有障礙，所以易把膀胱中尿液排出；也有因受精神作用而起的，如睡眠中精神想起排尿，尿液即能排出。這種癖病，是睡眠中精神的刺激，用催眠治理，最易收效。

治療手續，可先停止他臨睡飲用茶水，睡時不使腰部受冷，睡後兩三點鐘，便使他起身小便。

施行暗示來停止他在睡眠中想及小便，倘一想及小便，即可醒覺，不致遺尿，反覆施與這種暗示，便見功效。倘若續發，又行治療，如是多則一兩個月，便可痊癒。患者多是年幼的嬰孩，不便感應催眠暗示，效果不顯，不過！年紀太幼的嬰孩患有遺尿癖，實在沒有治療的必要。

第三十六章　月經閉止

這病症多起於營養失宜、生殖器有病和不良感情所發生。其他若患有萎黃病或歇斯底里病的婦人，也容易患染。日久不治，便會妨礙生育，身體衰弱，容易惹起其他病患。

若不是附帶患有其他疾病的，治療時可使用暗示使月經通順，施行三兩次便得痊癒。少女多畏羞不肯受術，效用自然遲緩。

有些婦人在月經來時，竟在別的部位如鼻孔、肺部、胃部、痔瘡等處流血，來代替月經血，這便叫血經代償症。這種病症並不是月經閉止，是要注意的。

第三十七章　月經過多

這病症的起因是由於營養不良，多血質的婦女也易於發生。當月經時排出多量的血液。但並不是子宮出血，也不是身體有什麼大病的。

治療時可用暗示來減少經血的排出。

第三十八章　月經痛

這是屬於子宮的一種病症。當每月月經之前，便會感著下腹疼痛，苦惱異常，而且會連帶其他部分也會受影響而起反應，所以發生頭痛、眩暈、不眠、不思飲食、嘔吐等病狀。癒後良好，但不能速治。

治療時可用暗示停止腹痛，若知道有子宮病，更應該先把它治理。

第三十九章　菸酒中毒

無論哪一種菸酒，都含有一種毒質，只不過這種毒質存在那些既成的菸酒上分量不多，性質也不強烈；好菸酒的人，大都不會顯著的感覺，但是天天把這種毒素，留積身體裏，逐漸加大，便會釀成慢性中毒症。

患酒精中毒的人，時常發生頭痛、眩暈、心跳、手震、注意力散漫、記憶力減退、神經衰弱。

倘若不即時戒禁，便會發生心臟脂肪變性病、胃炎病、腎臟萎縮病、糖尿病、生殖器病、風濕腫痛等病狀，到了這個時候才去治療，便費手續了。

菸草中毒，雖然不至如酒精中毒所發現的多種病症，但倘遇菸草毒質的分量過多，便會發生急性中毒，當場倒地，比酒毒更為猛烈。

菸草毒質，最傷腦筋，試令不會吸菸的人吸食少量的菸草，便可使他頭暈，這便是一個證明。

慣吸菸的人，成為慢性中毒，以致記憶衰落，腦失健強，會成為神經衰弱症。治療時應先禁止這種癖好，然後再細察病患的所在，加以治理。

第四十章　嗎啡中毒

嗎啡是一種毒藥，和鴉片相等，可以致人死命。現在這裏所謂嗎啡中毒，並不是指直接服食嗎啡而中毒的治療而言，是指那些因注射嗎啡針或服嗎啡丸藥所遺下毒質而言。這一種中毒症，與菸酒中毒相同，而弊害加重，應速行醫治。

治療時，要禁用嗎啡，再按照所患的病，用暗示來把它治理。

第四十一章　惡癖矯正

「癖」和「病」是有分別的。病：是人體內氣質的障害；癖：是精神上的慣性或嗜好。病，害處重；癖，害處輕。但病易治而癖難改。一切的病症，都可以用藥物來治療而收效，但惡癖的革除，絕非藥物的力量可能做到。一個人自己的癖性，除了由自己提起強固的心力，堅實的意志來加以戒禁，便不能有革除的希望，或者是利用催眠術來，施以治療，也可奏效。

癖性的成因，有受先天的傳染的，這是不容易治療的；也有是後天的染習的，如菸酒的嗜好便是，這種後天性的癖性，最好是用精神療法來治理，其中尤以催眠療法為功效顯著的一種。

同學們讀過以上各章催眠術作用力的偉大，這一層當然是知道的，不必再事贅說了。現在把各種癖病情形，分章列舉如下。

第四十二章　口吃癖

這種癖病的患者，說話的語調不能平順，一字或一句，多是重複的，期期艾艾，發音很覺困難。起因是由於模擬別人的吃語而成；或是由於自己內部的暗示而生。

治療時可使患者說話不要忙速，平心靜氣，待想妥了字句時才發出聲音，如是，便可逐漸改正。再用催眠暗示解除他的吃語心念，轉為說話流利的心念。經過多次施術後，功效自見。

但，若果是先天的口吃癖便難以矯正了。

第四十三章　寢言癖

在睡眠中自言自語，好像是同別人說話一樣。所謂「開口夢」便是這一種了。患神經衰弱、歇斯底里病的人，最容易發生。成了慣性後，便每晚都呈現這種癖病。對於身體雖無甚障害，但失卻安眠，精神上是會受不良影響的。

當癖病發作時，可適用睡眠轉入催眠和他接談，利用催眠暗示來矯正下次。

第四十四章　噩夢癖

精神身體都沒有疾病的普通健康的人，在睡眠中多會發噩夢的，甚至出聲叫喊的。起初是因為精神不寧、心血虧少而發，及後便成為慣性。這種癖病，雖無重大影響，但也能令人神氣不爽，失卻安睡的。日久或惹起睡遊，遺害更甚。

治療時可用催眠暗示，堅定無發噩夢的觀念。若能夠用自己催眠來把持無夢的心理，奏效更速。

第四十五章　手淫癖

未有家室的青年，因不能滿足性交的慾望，便玩弄陽具，強迫射精，那時候覺得有一種快感，不能自禁，便成為慣性，不容易制止。女性也有同一的惡癖，這一種惡癖是最傷精害身的，害處比房事過度來得更甚。

少時不知自制，長大後生殖器必生障礙，生育和生機兩受影響，比較別的癖性應特別注意，不能久犯。

可以暗示來禁止手淫的觀念，解除妄想，便可矯正。

第四十六章　淫蕩癖

無論誰人，總難免有淫慾的興起，但若能節制而趨於正道的，便不算是癖病。這裏所謂淫癖，是指那些一接近異性，非得與之性交，便不滿足色慾的人而言。禮儀廉恥的道德律，都不能制止。患有這種癖病的人，男的便有強姦行為，女的便有淫蕩的舉動。

患有這種不正則的色慾的便是一種癖病，起因是由於個人的色情亢進所致，身體是受重大的毒害的，非速加治療不可。

可用暗示來輕減患者的色慾，制止病癖。

第四十七章　色情倒錯癖

這一種病癖可以分做：同性色情倒錯和異性色情倒錯兩種。

同性色情倒錯癖的人，對於異性沒有戀愛的衝動，而對於同性卻發生淫慾。在男子便好龍陽；在女子便有磨鏡。起因是由於平日習慣同性間的生活，成為一種特別的精神發動。其中也有多少是由遺傳而來的。

還有一輩男子，他的房事是捨正路而不由的。

異性色情倒錯癖，便與上節相反了。這種情慾原不能說是病癖，但患這病的人，遇見了異性的衣服、鞋襪、妝閣用品，也會興起猥褻的行為，這便不能不算是一種病癖。日久不治，對於精神和人格都會受影響的，不能不速加治理。

可用暗示制止患者的不正則的情念。

第四十八章　怕羞癖

見了人或是對人說話便會面紅耳熱，心內怔忡，發生怕羞的觀念，自己的語言舉止，像是失去了自己的主宰似的，在做事和交際上，都受妨礙，這便是怕羞癖。患這癖病的多是女子，男子也有患著的。

男子患著這種癖病，便失卻男子本有的剛強的性而帶有一種如女性的柔弱。起因是由於少時家庭的嬌養，足不出戶外，少與外客接見，一旦接觸外人，即起畏羞的觀感，必要遠離獨處，才覺心境安樂。這種癖病雖然無礙身體，但在個人的交際謀幹，前途發展上都受著影響，所以不能不把它革除。

可用暗示來解除患者的怕羞觀念。

第四十九章　鬱氣癖

患者的精神是覺著沉悶，無聊無緒，不言不語，獨居寡歡，討厭娛樂，不愛與人會面。日久便會釀成精神病，為害很大。這癖病多是那些神經質和神經衰弱歇斯底里病質的人患染的。也有因為受了其他刺激而發生的。患者常在妄想中，以致身心疲勞。藥物治療，不發生效力。

治療時應先查明病因，把它除去後，再用暗示興起患者的精神，解除鬱結，然後逐漸治理。

第五十章　狼狽癖

患有這種病癖的人，雖是很細微的事情也當做了不得的事看；遇著了重大的事情，便更如禍害加身，手足無措，至於失神。全沒有鎮定自主的精神和能力；對付一樁事件，沒有自由辦理執行的力量，或對付外界，失卻優裕從容的處置。

起因是由於精神力弱，自發暗示失度，就會發生這癖病。此外神經衰弱的人，也會發生。

用暗示來革除患者的遇事狼狽無主的觀念，轉成鎮定沉毅的精神。

第五十一章　易飽癖

這裏所謂「易飽」，並不是指食物易飽而言，這不過是一種比喻的借用語。是指那些無忍耐力，不論做什麼事情，有始無終，不能貫徹到底的人而言。患者精神上欠缺毅力的作用，對於自己的經營不能得到成功，對於他人往往失卻信用，不能擔當負托。這種弱質是近代人們所具備的。原因多起於先天的遺傳，治療不易見效。若病癖只是起於一時的，卻可施術矯正。

想施術矯正，除了運用催眠術外，別種療法，全無效果。運用催眠暗示解除癖病，並施與忍耐心和毅力的暗示，從緩治理，自可收效。

第五十二章　菸酒嗜好癖

菸酒對於人的身體，本來是沒有急性的毒害的，所以許多人犯著了這種嗜好，卻都不著意去治療。但等到日積月累，酒菸的毒質存留體內，便會發生菸酒中毒症，身心受很大的影響。

這種病癖的害處，雖不是急性的，但慢性的滋長起來，毒性暴發，才施行治療，倒反比急性的病來得費手續了。所以不能不從速醫治。

若是犯著鴉片的嗜好的，害處便更加強烈了。鴉片本來就是一種毒藥，可以致人死命。經過燒煉而吸食菸味，毒性雖減，但毒質依然存在，蘊結在人體裏，會成為慢性的毒害，殺伐人的肉體，消耗人的精血。現在世界上無論那一個國家，都有嚴厲的政令，把鴉片禁絕，便是這個緣故。

菸酒的嗜好，倘若肯堅心忍耐，勉受一時不舒服的刺激，便可把它戒除，用不著別人來治療的。但一般人的顯在精神頹弱，不能支配外物（菸酒）而反受外物來支配，所以欲戒不能，便只能甘心受毒，實在是很遺憾的事情。想戒除這種嗜好，應從精神上著手，運用催眠術，可以奏效。

用催眠治療，可用暗示使患者厭惡菸酒的氣味，使起噁心。如用：「以後一接近菸酒的氣味，便起噁心，倘再吸飲，必定嘔吐。」「菸酒嗜好消除了，以後不再沾染。」「精神充足，身體健康。」等暗示，使起感應。對於嗜好深重的人，須施行多次治療。

關於鴉片煙癮的戒除，鄙人另著有《心理戒洋菸》專書在本會出版。

第五十三章　懶　癖

意志未定，精神薄弱的人，多愛躲懶；一般小兒多患著這種病癖。這種病癖絕不會妨害身體，但卻能影響於事業的成敗。年幼的時候患上了，到年長便很難矯正。

這種病癖的患者，到了意志堅定或者是被環境壓迫的時候，自然會改變過來。但在一般血氣未定的青年，想著改除，便不容易了。使用藥力是徒勞的，只有運用催眠術才可奏效。

可以暗示來提起患者的勤勉心，譬如躲懶讀書，便提起他讀書的勤勉心；躲懶學藝，便提起他的學藝的勤勉心。倘若得到感應，懶癖使會退減，經多次治療，自能消除。

第五十四章　偷食癖

這種病癖，多是那些貧家的幼兒及食用不豐的婢女所患染的。本來，這種並不能算是病症，幼童到了年長後，這種行為自會戒除，可不必治理。不過這種行為，對於兒童的身體是很有危害的，因為兒童多吃了食物和誤吃了食物，都會傷害兒童的健康。

矯正的方法倘若用威力來制止，不能根本治除，只有運用催眠治療才可以奏效。

第五十五章　間食癖

間食癖，是指那些食無定時，雜食亂投的人。一般兒童最易犯著。本來這並不是一種病，用不著施行治療的手續的，但是間食有礙消化，最易釀成胃腸的疾病，所以不能不革除這種癖性。

一般人對於小孩的間食癖多採用強制法來使他戒除，其實這種強制手段，非但不會得到良好的效果，反而因為拗逆兒童的心理，恐會發生別的疾病來。能夠運用催眠的矯正法，就最妥當了。

在催眠狀態中，使患者感應到戒止間食的暗示，這才是根本的辦法。

第五十六章　盜物癖

這種癖病，患者多是小兒者。看見了別人的東西，就起了取為私有的心念。知識未定的兒童，誰都不免。這並不算是一種癖。我們這裏之所謂盜物癖，是指大人或小兒一看見別人的東西，就非盜到手中，不感滿足。這種心理，不是偶然發現的，而是時時發生的，雖然加以懲戒，也不能戒除的癖病而言。有了這種癖病，人格上最受損害，且與法律有接觸，不能不速行戒絕。

患有盜物癖的人，是具有一種特殊的心理的，並不是純粹的起於貪念，所以盜來的東西，價值貴賤，在所不計。戒絕這病癖的方法，是要在這種特別心理上加以矯正，便可收效。速用催眠暗示在患者的潛在精神上制止他的不良的心念，再禁絕貪欲的發生，便可矯正。

第五十七章　怕黑癖

夜間站在黑暗的地方，便感著恐怕，不能獨自一人居處，這便是怕黑癖了。這種癖病，純是心理作用，與身體不發生障害，本來可以不必施治。但患有這種癖病的人，必定心虛膽小，時常發生幻覺，在精神上是有很大的影響的。倘若在夜間發生劇烈的幻覺（如見神見鬼的重大驚恐），每每因此得著重病。這種病症，絕非醫藥可以治療的。所以，有了這種癖病的人，應該趕快矯正，免致傷害身體。至於講到事業方面，膽力太小的人，是難有成功大事的希望的。

可用催眠暗示來壯高患者的膽力，解除鬼神的迷惑，消除怕黑的心理。

第五十八章　虐待生物癖

兒童看見了雀、鳥、蠅、蝶、螞蟻，都喜歡捉著來玩弄，這不算是一種癖。但有些兒童卻喜歡無故殺雞打狗，踐蟻捏蟲，看見了生物就要虐待打擊，以為樂事的，這就是一種不良的癖性。將來成了慣性，長大後，地位高的便成為一個好殺的官吏；地位低的便成為一個殺人放火的盜賊。這種癖性有些是由於先天的遺傳，有些是由於家庭環境的習染而成的。

用催眠暗示來制止患者的好殺心理和虐待手段。

第五十九章　嫖賭癖

誰都知道嫖賭的害處，但患著的人卻很多，因為一成了一種癖性，要改革起來，便不容易。若強加壓止，身心會受著無限的結鬱，為要滿足他的慾望，便破產捐身，也不自惜的。

所以想戒除這種癖性，絕非強制或勸告所能收效的，反而越是阻止，反應越是厲害。因為顯在精神是不受這種輕微無力的語言來支配的。根本的治法，要在潛在精神上施與戒除嫖賭的暗示，然後才可收效。

第六十章　潔癖

潔淨，是衛生上不可缺少的方法。能夠好潔，是一件可喜的習慣，為什麼會是一種癖病，而加以矯正呢？現在所謂潔癖，是專指那種矯情過甚的好潔性而言。

患者平日的精神心力，只用在身體衣物住所上，竟廢止正項的事情而不顧。只要有一點污濁在身體衣物上，不能除去，便會惹起精神憂鬱病。這種情形是出乎普通人情之外，不能不說是一種癖病。

患者除自己好潔外，對於他人之不如自己的，便起厭惡心，常常與人難堪而開罪於人。

矯正法可用暗示，節制患者矯情過甚的地方便可。

以上所列舉的各種疾病和癖性，並不曾盡括所有，只不過是一個大概的例子罷了。總之，催眠治療法是萬全的，與醫藥療法不同，沒有藥物誤設的弊害。即使疾病不能由催眠療法治癒，但也不會加重病狀的，運用起來，沒有顧忌的必要。

第六十一章　催眠治療者的注意

催眠治療者若是有普通醫學的學識的，施術時當然更有把握，收效自然容易，否則謹慎施行，依法暗示，也能收穫同等的功效。施術時應注意的地方和手續，現列舉在下面：

一、病者的姓名、年歲、職業、住所，要查問明白，填寫診察表（本會印就出售）以備檢查。

二、問明疾病的由來。

三、重病或腦病頭痛等，不可凝視施術法，應用撫下暗示施術法。

四、疼痛症可兼行撫抹患部和使用類似暗示。

五、治療疾病，不能把患者兼行遊戲的試驗。

第六十二章　自己治療法

自己治療法與為他治療法有兩點不同的地方：

（一）自己治療法要患者自己陷入催眠狀態。

（二）自己治療法要患者自己提起暗示。

從這兩點看來，可知非先能施行自己催眠，便不能收得自己治療的功用。自己治療和受他人治療，兩者功效是同等的。若是精神強足意志堅定的人，曉得催眠的學術，便不必被動地受他人施術，只要運用自己催眠，便可獲得比他人治療的效用以上的效用了。

輕微的疾病，用自己催眠治療，固然容易見功，即慢性的症候，頑固的病癖，用自己暗示來解除，也很有效。在受了他人催眠治療或是受了醫藥治療之後，能連接再行自己催眠治療，功效更大。譬如受過他人催眠治療後，又施行自己催眠，提起：

「我受某君催眠治療，真果功效卓著，病症確是輕了，不久定可痊癒。」

這種自己暗示，又服過藥劑後，提起：

「服了這一劑藥料，確見功效，把病消除，快告痊癒。」

這種自己暗示，從中幫助，興起自然療能，促病痊癒，加厚治療的力量。

凡是適合他人催眠治療的病癖，都適合自己催眠治療。即別的不適合催眠治療的病症，也可以運用自己催眠治療，來減輕病勢；對於外科的病症，使用自己暗示，也可制止痛苦，這是因為精神暗示作用有影響於肉體的關係，具有實在的效力，不是虛茫的事情。

自己治療的施行，先依自己催眠法，把自己陷入催眠狀態裏，按照自己的病，提起心力，全注在病症之上，使疾病消除，促其自癒。例如頭痛，便把心念全注在頭部，使不再發痛；如胃腸等病，心念力也是注在胃腸部，使胃腸舒服，消化力增強。若自己知道病源的所在，便先用觀念力來除去病因。有不良的思想、嗜好、動作等，應該一概禁止，那麼，治療上才不發生阻力。

當發出自己的心力暗示時，不可有疑惑不信賴的觀念摻入。這種疑惑不信賴的觀念，無論在施術前或施術後，都要摒除，那麼，暗示作用的力量才能增大，效用自然容易見到。

自己治療法的原理和施術的方法，與普通的催眠術大致相同，並不是另闢蹊徑而有特別的方式的，所以，不必再行瑣碎地贅說。想著施行自己治療的人，只要注意上面所講的自己催眠法努力練習便得了。成功了之後，便可隨時施行了。

還有一點地方是要注意的，就是不論疾病的輕重，倘若施行自己治療，須要先使心念泰然，不要專在疾病上去推測，妄起恐慌，否則，心裏蘊藏著憂愁、恐慮、躁急的觀念，便會助長病勢的進行和惡化了。

有病的人，最好能在早午晚，每天行三次自己催眠治療，若果因病的關係，不便自己催眠，使可在臨睡時，或在晨朝醒轉時，自己對病症下痊癒的暗示，去影響病症，也有功效的，因為這時候在將睡、未醒的一剎那間，這種狀態是類乎自己催眠的狀態的，在這時候提出暗示，當可收效。

第六十三章　靜坐法

習催眠術，不僅熟讀講義，能運用施術的方法達到試驗成功的目的就算完功。更要知道催眠施術法的手段和暗示，是要靠精神力連繫著的。所以催眠術家一方面在善於運用施術方法，一方面應努力於精神修養，這樣，學力才得堅實，而獲得最高的成績，臻於大成之境。

生存於現代社會裏，為了時代物質的進步關係，受了四面環境事物的刺激，人類固有的偉大精神力量是會受到不良的影響的，會如一面光明的鏡子，受塵埃的蒙蔽，便失卻本來光亮而失其作用。人類的精神，深受物慾的支配，自然也是一樣會失卻精神的力量而埋沒它的效用了。如果不講求一個救濟方法，便不能使精神回復本能了。所以，精神的修養不只求研究催眠術時得以幫助其學力的進展，更於人的健康與作業委實得著保障的實力。

現在我們可提出一個靜坐修養方法，這就是一種克己功夫，和拒絕外來的障害的具體方法了。

在談靜坐法之先，要聲明一句：靜坐法本來深有學佛和修道的意味，但我們所談的靜坐法，是以科學為基礎，為需要而進修，用方法、用實驗法而證得人的「自性」，絕不是和尚化、道士化，一樣以宗教為立場，一樣苦行窮參，尤是高嶺看花可望不可攀的缺憾。

我們說的靜坐法，包含「靜」、「定」兩種作用的性質。靜，可以拒絕外表的障害物；定，可以固定良好的觀念；這正是以科學為基礎、為需要而進修的一種克己的功夫。

靜坐法的修行，要維持其恒心，依照下面所列舉的法式而積極努力。美滿的收穫，是在有意無意之中。

一、姿勢

坐在椅子、板凳、床沿，或一切屬於平面可坐的東西上面，不拘有無墊褥，只要平正就合用。

坐時，必要將圍帶解去，寬卸外衣，女性束胸的更要將胸部解放。在住宅內只穿內衣短褲，赤足（穿拖鞋）。在旅行中，或作業中，雖不能赤足短褲，但仍以筋肉尤其是胸部腹部不受縛束為限。天氣寒冷，室內溫度不足，勢不能解衣赤足，那是可以變通的。

身體要平直，脊骨不可彎曲，要涵胸不可挺胸。頭正直，向前，少少微俯，雙目輕閉，口唇微合。

兩手掌向上，輕輕交握，在下的一隻手掌的大拇指壓在在上的一隻手手掌心，在上的手的大拇指在外邊。這樣垂放在臍下，或置在股上。左掌在上，右掌在下，或右掌在上，左掌在下，可隨便。

兩足交叉，隨便左足在上，右足在下；或右足在上，左足在下，更可互相調換。但是兩足脛的下截（即小腿下截），上下交加緊緊附著（不是用

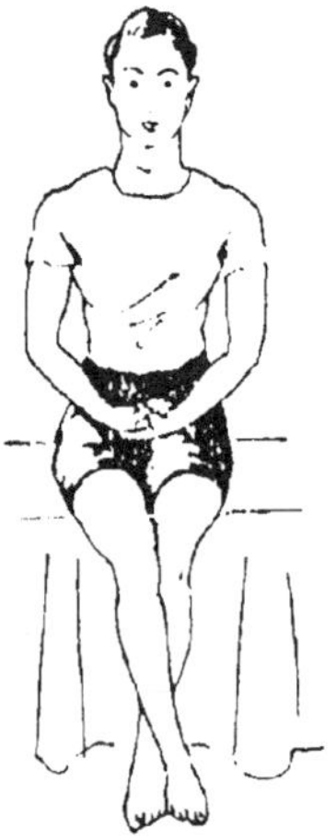

靜坐圖

力）。在上的足踵、足踝及蹠沿要和在下的足背緊貼。褲子太長可以捲起，除去鞋襪，使肌肉接觸，以生熱感。踏足處要有墊板或墊片，或仍踏在鞋面，以足底不生寒冷為限。兩膝中間要空開一個可容一膝以上的地位，以腎囊不被緊夾為準。

坐位高度十六英寸至十八英寸為適合。坐位矮，臀部可坐進一些；坐位高，臀部坐出一些，臀部要略為向後突出，免致脊骨日久因反應而彎曲。

二、呼吸

姿勢正確後，要正呼吸。在說正呼吸之前，要知道人的平常呼吸習慣的錯誤。同學們試試自己用手掌按在腹部，當在吸氣的時候腹部必定隨吸氣而膨脹，隨呼氣

而收縮。現在說起正呼吸，是要將這一種習慣矯正。

正呼吸法：在呼息時胸部漸漸空虛，腹部漸漸膨脹，而入力在臍下。吸息時氣滿胸部，腹部成為自然的收縮。這樣的結果，能以至令腹部臍下堅實而有力。但仍要注意以下所說的話。

一呼一吸最要柔長深久，不可短促，不可勉強，因慢慢的練習，一呼一吸能達到占時四十秒鐘以至一分鐘為常則。呼與吸的長度比較，呼息所占時間較微長一些。呼吸中間不用止息。吸息完全用鼻，呼出時全用鼻或一半由鼻一半輕啟一線口唇同時吐出。切不可挺直胸部，因胸挺則胸部緊張，涵胸則胸部緩弛（涵胸是胸部一任自然，不是將胸部逼狹，切勿誤會）。胸膈以放鬆為準。這樣呼吸法習慣之後，不論在何時永遠要如此，把昔時的呼吸習慣的錯誤完全矯正。

其他：靜坐時地方要清潔，空氣要流通，心念要注在：「精神飽滿」的目標上，漸漸一切都忘卻。聽到外面的聲音，不要分心去追想那是什麼聲音。聽到儘管聽到，但心念卻不因此而移動。

靜坐時日長久了，生理上會起一種奇象，即是臍下忽生一股熱氣，眼起色光，或身體搖動，甚而至於躍動。臍下的一股熱氣或更能循脊柱而上升的。在後更會沖過頭頂而從顏面落下。這是應有的現象，可不必介意的；而這種現象，也不是人人均得遇見；遇見或不遇見功效是一樣的。

初次試行靜坐，最感困苦，因為不曾習慣，便覺著是一件不堪耐的苦事，但繼續練習了相當的時候，便會體味到一種安適坦然的快樂。進而到了熟練的時候，身體的姿勢，直可以不必再事拘泥，隨便坐著或是臥著，也可以得到靜坐的功用。

靜坐的方法，並不單是限於研究催眠術的人去實行的，一般人都可以拿來靜養精神的，它可以避免精神過勞及神經衰弱所誘起的疾病，及能拒絕其他病因，而身體獲得很大的益處。

靜坐時間，最好是在早午晚施行三次，早晨起床嗽洗後行靜坐，這一次為最佳！每天這一次是不可少的。每次時間為半點鐘至一點餘鐘久。公務忙碌時將午晚二次減去，或只在餘暇的時候而行靜坐，也可以得到相當的益處。每日不斷的毅力繼續下去，可得到更顯著的效用。

催眠術函授講義

中華民國二十年五月一日初版

著作者　余萍客

發行者　中國心靈研究會

印刷者　文任傳

非賣品

發行處

Chinese Institute of Mentalism
25A Haining Road (P. O. Box 321)
Shanghai China.

上海海寧路二十五號甲洋房　中國心靈研究會

信箱三二一號　電話四三四四七號

國家圖書館出版品預行編目資料

催眠術與催眠療法／余萍客著
——初版，——臺北市，品冠文化，2011〔民100.09〕
面；21公分，——（壽世養生；1）
ISBN 978-957-468-828-9（平裝）
1.催眠術　2.催眠療法
175.8　　　　100013314

催眠術與催眠療法

著　　者／余　萍　客
責任編輯／王　躍　平
校 點 者／文　　軒
發 行 人／蔡　孟　甫
出 版 者／品冠文化出版社
社　　址／台北市北投區（石牌）致遠一路2段12巷1號
電　　話／(02) 28233123・28236031・28236033
傳　　真／(02) 28272069
郵政劃撥／19346241
網　　址／www.dah-jaan.com.tw
E-mail／service@dah-jaan.com.tw
登 記 證／北市建一字第227242號
承 印 者／傳興印刷有限公司
裝　　訂／建鑫裝訂有限公司
排 版 者／千兵企業有限公司
授 權 者／山西科學技術出版社
初版1刷／2011年（民100年）9月

售　價／350元

大展好書　好書大展
品嘗好書　冠群可期

大展好書　好書大展
品嘗好書　冠群可期